KB098552

로마 제국

첫 단 추 시 리 즈
005

로마 제국

크리스토퍼 켈리 지음
이지은 옮김

교유서가

로마 제국의 건설은 놀랄 만한 업적이었다. 제국의 전성기인 2세기에는 약 6,000만 명의 인구가 500만 제곱킬로미터(오늘날 영국 국토 면적의 약 20배)에 달하는 영토 전역에 퍼져 있었다. 당시 로마 제국은 가랑비에 흠뻑 젖은 잉글랜드 북부를 가로지르는 하드리아누스의 방벽에서 태양이 뜨겁게 내리쬐는 시리아의 유프라테스 강변까지, 그리고 유럽의 저지대(지금의 베네룩스 3국을 포함한 유럽 북서 연안 지역—옮긴이)를 지나 비옥한 평야를 거쳐 흑해로 굽이굽이 흐르는 광대한 라인-다뉴브 강 일대에서 북아프리카 해안의 풍요로운 평원과 이집트 나일 강의 기름진 협곡까지 뻗어 있었다. 제국은 지중해를 완전히 에워싸고 있었다. 지중해는 로마인들에게 내륙의 호수나 다름없었고, 이 정복자들은 지중해를 득의양양하게 '우리의 바다(mare nostrum)'라고 불렀다.

나는 이 책에서 초거대 제국 로마에 관한 몇 가지 중요한 측면들을 (간략히) 탐구하면서 철저히 주제별 접근 방식을 택해 서술했다. 연대순으로 서술하는 것을 꺼려서가 아니라(연표 참조), 로마 제국의 통사나 역대 황제의 통치에 관해서는 유용한 저술들이 이미 상당히 많이 출간돼 있기 때문이다. 이 책은 동일한 영역을 지나지만 나름의 다른 경로를 택한다. 제1장에서는 무자비한 정복 과정과 제국의 확립, 그리고 로마인들에게 '제국의 사명'이라는 의식이 있었음을 살펴본다. 제2장에서는 황제의 권력이 표현된 모습을 고찰한다. 이 장에서는 (황제 숭배의 추진에서 보이는) 신으로서의 황제상과 (수에토니우스와 타키투스의 대체로 호의적이지 않은 역사서에 등장하는) 인간으로서의 황제상을 검토한다. 제3장에서는 관점을 전환해, 지중해 도시의 특권 엘리트들의 시각에서 제국의 운용 방식을 이해하려 한다. 속주의 질서 잡힌 통치를 책임지고 있던 주체는 광대한 제국의 행정 기구가 아니라 바로 이 부유한 도시 엘리트들이었다.

제4장에서는 기원전 2세기에 로마의 지배를 받고 있던 그리스인들이 남긴 저작들을 다룬다. 이 문헌들은 그동안 별로 주목받지 못했지만, 실은 아주 가치가 높은 편이다. 정복을 당

한 사람들이 새로운 제국 안에서 정체성을 확립하려고 어떠한 노력을 했을까? 이에 대한—근대 이전의 제국들에 관해서는 거의 얻을 수 없는—통찰을 이 문헌들은 제공해준다. 로마 제국에서는 보통 '현재'를 둘러싼 논의를 정작 '과거'를 둘러싼 논의를 통해 진행하는 경우가 많았다. 역사 서술은 고립된 학문적 활동이 아니라 오히려 정치와 권력을 둘러싼 언설과 직접 맞물려 있었다. '현재'는 엄연히 로마인들의 것이었을지 모르지만, '과거' 역시 누군가의 독점물이 아니라 계속해서 치열하게 논의해야만 할 대상이었던 것이다.

제5장에서는 로마 제국의 아웃사이더들 중에서 가장 중요한 기독교도들의 성장을 살펴볼 것이다. 기독교도들과 그들의 신앙은 근본적으로 사회 주변부에서 겪은 경험들을 통해 형성되었다. 그에 반해서, 제6장에서는 체제 내에 속한 자들의 시각을 제시하여, 산업화가 이루어지기 훨씬 전의 이 거대한 제국에 속해 있던 도시와 농촌에서 삶과 죽음이란 무엇이었는지를 조금이라도 이해해보려고 한다.

마지막 장인 제7장에서는 근현대의 세 가지 관점, 즉 제1차 세계대전 직전의 영(英)제국의 관점, 무솔리니의 파시스트 이탈리아의 관점, 영화의 도시 할리우드의 관점에서 로마를 되돌아본다. 이 세 가지 관점은 중요하다. 의미심장한 (때로는 놀라운) 여러 방법을 통해 이러한 관점들은 21세기 초에도 여전히 로마 제국을 상상하고 판단하는 방식을 규정하고 있다. 분명 '현재'가 지닌 특권들 중에 하나는 '과거'를 선택적으로 돌아볼 수 있다는 것이다. 그러나 이 짧은 안내서에서도 그러하듯, 이런 선택의 성격을 자각하는 것 역시 항상 중요하다.

이 책은 로마 제국이 가장 융성했던 시기를 집중적으로 다루고 있다. 대체로 기원전 31년부터 서기 192년까지의 얼추 두 세기에 초점을 맞춘다. 장차 황제 아우구스투스가 될 옥타비아누스가 안토니우스와 클레오파트라에 맞서 승리를 거둔 악티움 해전에서 코모두스 황제의 암살에 이르는 기간이다(제1장에서 포에니 전쟁을 되돌아보고, 제5장에서 기독교를 공인한 최초의 로마 황제인 콘스탄티누스의 개종으로 이야기를 마무리짓기 위해서 4세기 초를 잠시 살펴보기는 한다).

이 책의 주요 관심사는 가장 거대한 세계 제국들 가운데 하나이며, 유일하게 북유럽, 중동, 북아프리카 일대를 모두 포괄하는 제국을 확립하고 유지했던 로마의 위업을 이해하는 것이다. 이러한 성공은 다양하고 복합적으로 설명할 수밖에 없다. 그래야만 이후 로마 권력의 약화와 로마의 서부 지역이 이민족의 왕국들로 결국 분열되고 동부 지역에서는 비잔틴 제국이 서서히 등장하는 이유들을 비로소 이해할 수 있다. 이러한 주제들은 이 책의 범위를 훨씬 넘어선다.

그 '놀라운 혁명'에 대한 최고의 설명은 여전히 에드워드 기번(Edward Gibbon)의 권위 있는 저서인『로마 제국 쇠망사』에서 제시된다. 그러나 열성 팬들은 여섯 권에 달하는 이 방대한 저서에서 아주 간략한 소개 따위를 제공하려는 의도가 기번에게는 애초에 없었다는 사실을 유념해야 한다.

차례

1. 정복 --- 013

2. 황제의 권력 ------------------------------------ 045

3. 공모 --- 077

4. 역사 전쟁------------------------------------- 109

5. 사자에게 던져진 기독교도들 ------------------- 139

6. 로마인의 삶과 죽음 ---------------------------- 169

7. 다시 찾은 로마 ------------------------------- 201

· 연표 238
· 참고문헌 242
· 역자 후기 250
· 도판 목록 256

제 1 장

정복

팽창과 생존

로마는 전사들의 나라였다. 거대한 로마 제국은 일련의 격렬한 전투를 통해 어렵게 얻어낸 열매였다. 기원전 4세기에 아직 특별할 것 없는 도시였던 로마는 주변 민족들과 맺은 복잡한 동맹 관계를 통해 생존을 확보했다. 연이은 승리로 로마인들은 테베레 강을 따라 영토를 확립하고, 영향력의 범위를 남쪽 캄파니아 지역(나폴리 만 주변)까지 확대할 수 있게 되었다. 이는 점진적인 진전과 꾸준한 병합의 과정이었다. 로마는 기원전 295년에 삼니움인들을 물리치고(이로써 로마인의 지배가 이탈리아 중부로 확장된다) 아드리아 해 맞은편의 그리스 왕국인 에페이로스(Epeiros)의 왕 피로스(Pyrrhos)가 쳐들어오는 것을 격파하여 중요한 돌파구를 마련했다. 기원전 280년에 피로스 왕은 군대를 이끌고 타렌툼(Tarentum: 이탈리아의 '뒤꿈치'에 위치한 지금의 타란토)에 상륙했다. 초반 전투에서는 승리를 거두었으나, 로마를 굴복시킬 수 없었다. 피로스는 시칠리아와 이탈리아 남부에서 5년간 전쟁을 치르고 나서, 한정된 물자의 고갈로 패배의 위험을 무릅쓰는 대신에 결국 후퇴했다.

기원전 3세기 중반쯤에는 이탈리아 반도 대부분이 로마의 지배를 받았다. 이후 100년 동안 로마인과 그 동맹자들은 지중해 서부의 최강국이었던 북아프리카의 카르타고에 도전했다. 카르타고의 지속적인 번영과 국제적 영향력은 그들의 상선단(商船團)이 보장해주었다. 카르타고인은 동쪽으로는 사치품을 교역하기 위해 이집트와 레바논까지, 북쪽으로는 주석을 구입하기 위해 (아마도) 브리타니아까지, 남쪽으로는 상아와 금을 가져오기 위해 북아프리카 해안을 따라 항해했다. 이같이 위협적인 라이벌에 맞서 치러진, 포에니 전쟁이라고 알려진 세 번의 오랜 무력 충돌은 로마인들에게 극도로 부담을 주었다. 제1차 포에니 전쟁(기원전 264~241년)은 시칠리아를 두고 벌어진 분쟁을 계기로 일어났다. 로마는 시칠리아 섬에서 점점 증강되는 카르타고의 군사력을 자국 안전에 대한 직접적인 위협으로 여겼다. 그렇지만 카르타고의 해상 장악력에 대응할 만한 전투력이 없었기 때문에 제대로 대응할 수 없었다. 그때까지 로마가 이탈리아에서 거둔 승리는 육군의 우세에 기반을 두었기 때문에, 상비 해군을 편성해야만 했다. 병사들은 해전을 수행할 수 있도록 서둘러 재훈련을 받았다. 후대의 전승에 따르면, 숙련된 목공들이 좌초된 적선의 구조를 본떠 60일 만에 100척의 선박을 건조했다고 한다. 결국 이런 모험을 무릅쓴 전략이 성공을 거두었다. 23년간의 치열한 전쟁을 치른 후, 기원전 241년에 로마는 마침내 카르타고를 완전히 물리칠 수 있었다.

그러나 불안한 평화는 약 20년밖에 지속되지 않았다. 제2차 포에니 전쟁(기원전 218~201년)이 발발한 것이다. 이 전쟁에서 카르타고의 명장 한니발은 5만 명의 보병과 9,000명의 기병, 37마리의 코끼리로 편성된 군대를 이끌고 스페인을 출발해서 프랑스 남부를 가로질러 알프스 산맥을 넘어 이탈리아로 진군했다. 이는 고대 세계에서 가장 대담하고 창의적인 군사작전 가운데 하나였다. 한니발은 이동중에 절반 이상의 군사들을 잃었다. 7개월 후인 기원전 217년 5월, 한니발은 이른 아침의 엷은 안개 속에서 플라미니우스가 이끄는 로마 군단을 움브리아(중부 이탈리아)의 트라시메노 호수 근처로 몰아넣고 1만 5,000명의 목숨을 빼앗았다. 이듬해 한니발은 아풀리아(남부 이탈리아)의 칸나이에서 로마 군대를 거의 몰살시켰다. 로마 역사상 최악의 패배였다. 한 번의 전투로 로마는 5만 명의 군사들을 잃었다. 유럽의 전쟁사를 통틀어 하루 동안의 교전에서 가장 많은 사망자가 발생한 전투였다. 제1차세계대전 때 솜 강 전투로 인한 사상자들과는 달리, 칸나이의 로마 군사들은 백병전을 벌이다가 쓰러졌다. 그들의 시신이 피로 물든 벌판에 산더미처럼 높이 쌓였다.

한니발은 15년 동안 이탈리아를 휘젓고 다녔다. 파비우스 막시무스(Fabius Maximus)의 지휘 아래 로마와 그 동맹자들은 한니발과의 접전을 피한 채 곡식이 익은 밭을 태워버리며 요새화된 도시 안으로 피했다. 이와 같은 초토화 작전으로 서서히 굶주려가며 로마의 거듭된 기습공격에 시달리던 한니발의 군대는 어쩔 수 없이 작전을 중단할 수밖에 없었다. 파비우스 막시무스는 쿤크타토르(Cunctator), 즉 '지연전의 명수'라는 찬사가 담긴 별명을 얻었다. 로마인들이 거둔 승리는 칸나이 전투 후 10년쯤 지나서 마지막 결말을 보았다. 기원전 202년에 본국 카르타고의 방어를 위해 소환된 한니발은 결국 자마(Zama: 지금의 튀니지에 있는 지역) 전투에서 스키피오 아프리카누스에게 패배했다. 그리고 60년 후에 세력을 회복한 로마가 몹시 약화되고 사기가 꺾인 카르타고를 쓸어버리기 위해 다시 돌아왔다. 제3차 포에니 전쟁(기원전 149~146년)은 카르타고 시의 완전한 파괴로 끝이 났다. 도시의 건물들은 조직적으로 철저히 파괴되고, 5만 명의 주민들 대부분이 노예가 되었다.

로마가 서쪽으로 스페인과 북아프리카로 팽창하던 시기에 동쪽에서도 전쟁이 벌어졌다. 카르타고와 코린토스가 파괴된 기원전 146년까지 발칸 반도의 모든 주요 도시들이 로마에 복속되었다. 그리고 로마는 힘겨운 전투들을 연이어 치르면서 이후 100년 사이에 소아시아를 영토로 획득했다. 기원전 60년대에는 유능한 장군 '대(大)'폼페이우스(Pompeius Magnus)가 시리아를 점령했다. 기원전 50년대에는 율리우스 카이사르가 갈리아(프랑스 남부의 피레네 산맥에서 라인 강에 이르는 지역)를 정복했다. 기원전 31년에 카이사르의 양자 옥타비아누스는 독립국가 이집트의 마지막 통치자인 클레오파트라 7세를 제압했다. 옥타비아누스는 그리스 북서부의 악티움에서 벌어진 해전에서 승리해 막대한 보상을 챙겼다. 지중해 세계에서 가장 오래되고 풍요로운 왕국인 이집트가 마침내 로마 제국으로 편입되었던 것이다.

카르타고나 동방 세계에 대한 전쟁에서는 공화정이라는 로마의 전통적 통치체제가 원활하게 작동했다. 사실 군사 정복이 계속 이어진 기원전 2세기를 흔히 로마 공화정의 절정기라고 여긴다. 그렇지만 여러 면에서 '공화정(Republic)'은 오해의 소지가 있는 용어다. 이 용어는 적어도 현대의 독자들에게는—일반 대중이 폭넓게 정치에 참여했다는 오해를 불러일으킬 우려가 있다(이는 고대에는 곤란한 문제가 아니었다. 라틴어

'레스 푸블리카res publica'는 간단히 '국사 또는 나랏일'로 번역하는 것이 가장 적합하기 때문이다). 로마 공화정은 금권정치 국가임을 숨김없이 드러냈다. 시민 집단은 엄격한 재산 자격 기준에 따라 철저히 등급별로 나뉘었다. 결과적으로 이 등급별 분류가 투표권을 규정했다. 모든 성인 남성 시민은 투표권을 가지고 있었지만, 선거인단은 재산이 있는 자들이 (그들이 결집만 한다면) 가난한 자들보다 항상 더 많은 표를 얻을 수 있도록 구성되어 있었다. 뿐만 아니라 선거운동과 공직 활동에 드는 막대한 비용 때문에, 개인으로서는 부유한 자산가들만이 국정에서 중요한 역할을 수행할 수 있었다.

이렇게 철저한 과두정체에서 2명의 집정관(consul), 즉 국가에서 가장 강력한 권한을 지닌 관직이 매년 새로 선출되었다. 나이가 42세 이상이고 법무관(praetor: 집정관 바로 아래의 고위 관직)을 역임한 자들만이 집정관 직에 입후보할 수 있었다. 임기 동안 집정관은 중요한 군사 행동을 지휘할 가능성도 있었는데, 그 경우에 지휘권은 연 단위로 연장할 수 있었다. 또한 전장에서 1년 임기가 끝나면 직권을 내려놓고 원로원으로 복귀했다. 원로원은 직접선거로 선출된 기관이 아니라 고위 관직을 역임했던 자들로 구성된 자문회의였다. 이처럼 1년 임기의 관직, 연령으로 제한된 자격 규정, 한시적인 군대 지휘권 등의 일정한 형식에 따라 로마의 지배 엘리트 사이에서 어느 정도의 집단적인 권력 공유가 이루어졌다. 기원전 3세기 후반에서 2세기에 걸쳐 취임한 집정관들을 보면 절반 정도가 10개의 확대 가문들에서 배출되었다. 이는 일부의 세습 집단이 안정된 우위를 점하고 있었다는 사실을 보여줌과 동시에 이 핵심 집단의 외부에도 상당한 정도의 인재 유동성이 있었음을 나타낸다. 가까운 세대 중에 원로원 의원을 역임한 조상이 없거나 혹은 그런 조상이 전혀 없는 인물들의 상당수가 원로원에 진출해 있었던 것이다.

공화정 체제 역시 야심 있는 개인의 대두를 의도적으로 견제했다. 무엇보다도 유능한 장군들의 수중에 정치적·군사적 권한이 장기간에 걸쳐 집중되는 사태를 막았다. 적어도 로마인의 도덕 관념에 비춰보면 위대한 자의 진정한 시험대는 고위 관직에 오르는 능력이 아니라 이를 대범하게 자발적으로 내려놓는 자세에 있었다. 로마가 처음 이탈리아에 세력을 확립하려고 분투하고 있을 때, 퀸크티우스 킨키나투스(Quinctius Cincinnatus)가 지휘하는 로마군이 중요한 전투에서 승리를 거두었는데, 전해 내려오는 이야기에 따르면 킨키나투스는 병사들을 모으기 위해 쟁기질을 멈추고 밭에서 떠나는 것을 무척 싫어했다고 한다. 킨키나투스가 고위 관직에 전혀 욕심을 내지 않았던 것보다 더 유명한 것은 명령권의 연장을 거부했다는 사실이다. 권력을 계속 유지할 수 있었지만 킨키나투스는 오히려 손수 가꾸던 농경지로 돌아가 쟁기질을 계속했던 것이다.

이와 같이 유명한 사례들이 있긴 했지만, 지중해 세계에서 가장 풍요로운 지역을 점령해야 하는 책임을 맡은 장군들 가운데 일부는 갈수록 점점 더 자리에서 물러나고 싶어하지 않았다. 킨키나투스의 일화는 이러한 자들에게 더이상 도덕적으로 아무런 영향도 끼치지 못했다. 결국에는 도시국가의 공화정 체제가 권력자들에게 부과한 규제들은 그들의 커져만 가는 야심을 억누르기에는 너무나도 미약하다는 사실이 입증되었다. 기원전 1세기, 정복에 나선 여러 장군들은 자신의 성공을 최대한으로 이용했다. 그들은 (법에서 정한) 최저 연령보다 훨씬 더 젊은 나이에 집정관 직에 올랐고, 원로원에 자신들의 군대 지휘권을 연장하도록 강요했다. 또한 정치의 장에서 계속 활동하기 위해 휘하 병사들의 충성심에 의지하며 폭력으로 윽박지르기도 했다. 율리우스 카이사르는 갈리아 원정 때 임기가 만료되었지만 제도를 무시한 채 지휘권을 내려놓기를 거부했다. 기원전 49년 1월, 카이사르는 8년에 걸친 원정으로 단련된 노련한 군대를 이끌고 루비콘 강(카이사르의 지휘권이 미치는 범위의 남쪽 경계)을 건너 로마 시로 진군했다. 이제 카이사르의 권위가 군사력에 의거하고 있음이 명백해졌다. 이 쿠데타에 대항할 준비를 하는 사람들도 몇몇 있었지만,

그들 역시 불법적인 수단에 의거하고 있었다. 5년 후인 기원전 44년 3월 15일에 일어난 카이사르 암살을 브루투스와 카시우스에 의한 자유를 위한 고귀한 싸움으로 볼 필요는 없다(셰익스피어의 작품은 전적으로 무시해야만 한다). 카이사르의 암살은 한 과두 당파가 경쟁자로부터 정치적 지배권을 빼앗기 위해 벌인 짓이었다.

그 결과 내전이 일어나 20년이나 지속되었다. 브루투스와 카시우스는 동맹을 맺은 마르쿠스 안토니우스(카이사르의 최측근 가운데 한 명)와 옥타비아누스(카이사르의 양자)에게 패배했다. 그러나 이 허술한 동맹은 곧 무너졌다. 안토니우스는 이집트의 통치자 클레오파트라에게 의지했다. 이는 명민한 행동이었다. 이집트의 부는 옥타비아누스에 맞서는 전쟁 자금으로 사용될 수 있었고, 이집트에서 가장 중요한 도시인 나일강 삼각주의 알렉산드리아는 로마 제국 동부의 새로운 수도가 될 수도 있었다. 이는 매우 중대한 문제였다. 안토니우스가 관능적인 이집트 여왕의 성적 유혹에 사로잡혀 주색에 빠진 무능한 인물로 보인다면, 그것은 바로 옥타비아누스의 공격적인 중상모략 때문이다. 그러한 경멸적인 날조는 승자들의 특권이다. 기원전 31년 악티움 해전에서 이집트 함대를 물리치고 이듬해에 안토니우스가 자살함으로써 옥타비아누스의 지위는 확고해지고 경쟁자 안토니우스의 명성은 땅에 떨어졌다. 아우구스투스—'존엄한 자'—라는 새로운 칭호를 얻은 옥타비아누스는 제국의 부와 군사력을 장악했고, 이로써 자신의 가문을 지중해 세계의 지배자로 만들 수 있었다.

기원전 2세기 중반부터 시작된 로마 제국의 이같은 빠른 성장은 대략 한 세기 후에 제정이 확립되는 원인이 되었다. 하지만 그러한 변화로 독재가 자유를, 또는 전제가 독립을 대체했다고 보는 것은 속단일 것이다. 아우구스투스 시대 이래 황제들 치하에서도 로마의 정치는 줄곧 제국의 전리품을 놓고 경쟁하는 몇몇 특권적 가문들이 지배했다. 제정의 성립으로 인해 바뀐 것은 이러한 경쟁을 규제하는 방법이었는데, 한편으로는 부유한 속주 출신자가 자신들의 부를 바탕으로 제국 전역으로 확대되는 귀족 사회로의 진입을 꾀하게 되었다.

그러한 관점에서 볼 때, 옥타비아누스가 아우구스투스로 변모한 것, 다시 말해 일개 군사령관이 황제로 성공적으로 변모한 것은 로마 정치의 성격이 근본적으로 단절되었다기보다는 오히려 경쟁이 심한 과두정하에서 달성된, 치열한 싸움 끝에 권력이 재편된 것이라고 할 수 있다. 진정한 '로마 혁명'은 공화정 체제 속에서 제국을 세운 것이었다. 또한 아우구스투스 이후에 새로운 영토의 획득을 엄격하게 제한한 조치 역시 그리 놀랄 만한 일은 아닐 것이다. 브리타니아와 다키아(오늘날의 루마니아 일대), 메소포타미아에서 치러진 전투들은 황제들이 직접 지휘했다. 다른 사람들이 군대 지휘권을 갖는 사태는 철저히 통제되었다. 잠재적 경쟁자들, 심지어 황실 내부의 경쟁자들도 엄중한 경계 대상이 되었다. 이런 조치는 몸으로 익힌 위기관리의 철칙이었다. 기원전 1세기의 처참한 내전이 있는 그대로 보여주듯이, 지중해 정복으로 얻은 눈부신 전리품들 때문에 심지어 킨키나투스마저도 농사일로 돌아가기를 망설였을지도 모른다.

충격과 두려움

로마라는 작은 도시국가가 제국이라는 슈퍼파워로 팽창한 것은 어느 기준에서 보더라도 인상적인 변화였다. 로마 제국은 특히 한니발을 패배시킨 후에는 모든 적들을 크게 압도하는 엄청난 군사 행동으로 유지되었다. 기원전 2세기에 로마는 약 13만 명의 군대를 배치하기 위해서 이탈리아 반도의 동맹자들에게 깊이 의존했을 뿐만 아니라, 성인 남성 시민들 중에서 약 13퍼센트를 입대시켰다. 젊은이들이 불균형적으로 대거 징집되었다. 이 정도 규모의 군대를 유지하려면 17세 청년 인구의 60퍼센트를 정기적으로 징집해 7년 동안 복무시켜야 했다. 이는 로마의 모든 성인 남성 시민의 절반 이상이 20대 중반까지 군대에 복무하고 있었음을 의미한다. 이러한 통계

수치는 매우 특별하다. 이와 유사한 인적 자원의 투입은 산업화 이전의 유럽에서는 프로이센의 프리드리히 대왕과 프랑스의 나폴레옹 군대에 이르러서야 비로소 이루어지게 되었고, (로마의 경우에도) 로마가 지중해 세계를 정복한 (포에니 전쟁부터 악티움 해전까지의) 200년에 비하면 극히 단기간의 사례에 불과하다. 그렇다면 대략 어느 정도 규모였는지 수치로 계산해보자. 만일 로마가 투입한 병력과 같은 규모를 현대에 실현하고자 한다면, 미국은 약 1,300만 명에 달하는 상비군을 유지해야 하는데, 이는 현재 병력의 10배가 넘는다.

이렇게 거대한 군사 조직은 자체 동력을 만들어냈다. 엄격한 규율, 성능이 우월한 무기, 그리고 풍부한 전투 경험을 지닌 로마 군대는 규모의 이점을 살려 계속해서 승리했다. 로마는 그러한 승리로 막대한 양의 전리품을 얻었다. 그리고 굴복시킨 적들로부터 재화를 약탈하고 속주에 세금을 부과함으로써, 계속되는 정복에 드는 막대한 전비를 충당했다. 지중해 동부 지역에서 로마의 승전으로 획득한 부의 규모는 가히 전설적이다. 기원전 200년 이후 50년 동안 몰수된 재화는 황금 30톤 이상의 가치와 맞먹는다. 더구나 소아시아에서 로마가 세력을 확장하고 시리아를 점령한 것으로 보면, 약탈 규모는 위와 같은 수치를 훨씬 넘어섰을 가능성도 있다. 기원전 62년에 전쟁에서 승리한 폼페이우스는 동방으로부터 70톤의 황금에 맞먹는 가치를 지닌 노획품을 가지고 돌아왔다. 그런데 15년 후, 율리우스 카이사르가 갈리아에서 대량의 황금을 채굴한 탓에 공급 과잉으로 금값이 폭락해버렸다.

로마 시만큼 제국 영토의 획득을 더 열렬히 환호한 곳도 없었다. 수도의 중심부는 웅장한 개선문, 위풍당당한 조각상, 전리품으로 화려하게 장식된 신전 등 로마의 지배 확장을 찬미하는 기념물들로 가득 채워졌다. 로마의 역사가들은 끝없이 계속되는 숱한 출정과 전투 이야기들을 써나갔다. 기원전 2세기에 공직에 나서려는 사람들은 모두 필수적으로 최소한 10년 동안 군대에 복무해야만 했다. 집정관이나 전직 집정관 같은 군대의 상급 지휘관들도 성공한 정치가들이었다. 정복 전쟁에서 승리를 거둔 위대한 장군은 대중의 영웅이 되었다. 한니발을 패퇴시킨 '지연전의 명수' 파비우스 막시무스 쿤크타토르, 카르타고를 정복한 '아프리카의 승리자' 스키피오 아프리카누스, 동방으로 유프라테스 강까지 로마 제국을 확장한 대(大)폼페이우스, 그리고 갈리아를 복속시킨 율리우스 카이사르가 그런 예이다.

로마에서 정치 경력의 정점은 수도 로마의 대로를 통과하는 개선 행렬이었다. 군사령관이 무장한 군사들을 거느리고 합법적으로 로마 시내에 진입할 수 있는 유일한 기회였다. 71년 6월 베스파시아누스 황제와 아들 티투스는 유대인 반란을 무자비하게 진압한 일을 축하했다. 티투스가 70년 여름에 예루살렘을 포위, 점령했던 것이다. 로마군은 가차없었다. 헤롯 왕의 대신전을 유린하고, 신전 내의 성소인 지성소(至聖所)를 약탈했다. 성찬용 그릇, 봉납에 쓰이는 황금 탁자, 고귀한 일곱 갈래의 촛대(menorah), 은으로 만든 트럼펫, 율법(torah)이 적힌 두루마리를 로마로 가져와 거리에서 선보였다. 그리고 10년 후인 81년, 이 유대민족 제압이라는 환희의 순간은 포룸의 동쪽 입구에 세워진 (그해 여름이 오기 전에 사망한) 티투스에게 바치는 개선문으로 영원히 기억에 남게 되었다. 개선문은 제국 지배의 영원한 상징이었다. 개선문에 새겨진 조각은 로마의 지배에 항거한 사람들이 걷는 운명을 지속적으로 상기시키는 상징물이었다. 개선문 앞을 지나가는 사람은 반드시 이 승리를 다시금 떠올렸다. 잠시나마 그들도 승리한 제국의 중심에 몸을 두게 되었다. 한쪽에는 예루살렘 신전에서 약탈해온 보물들의 모습이 새겨졌고, 다른 한쪽에는 군사들이 둘러싸고 있는 전차에 탄 채, 의인화된 '영예', '용기', '승리'의 호위를 받고 있는 티투스의 모습이 조각되었다.

눈부시게 화려한 개선식 역시 전투의 과정을 사람들에게 전해주었다. 15미터 높이의 거대한 이동식 무대 위에 잔인한 전투 장면이 자세하고 생생히 묘사되었다. 군중은 상아와 황금으로 테두리를 두르고 화려하게 채색된 이런 작품을 보고 감탄하며, 로마의 힘은 어떠한 적이라도 격퇴시킬 수 있음을 새삼 확인하면서 정복에 따른 흥분의 한 자락을 맛볼 수 있었다. 아마도 이런 개선식 장면을 직접 목격했을 동시대의 유대인 역사가 플라비우스 요세푸스는 다음과 같은 증언을 남겼다. 그는 대체로 로마에 대한 호감을 분명히 드러냈는데, 여기에서는 그것을 억제하는 듯하다.

여기서는 한때 풍요로웠으나 이제는 초토화된 시골의 모습을, 저기서는 모두 살해된 적의 병사들을 볼 수 있었다. 도망치는 사람들과 포로로 잡힌 사람들…… 도시의 흉벽은 완전히 압도돼버린 수비병들로 혼잡하고, 병사들은 성벽 안으로 계속해서 줄지어 들어오고, 모든 곳이 피로 물들었고, 저항할 능력이 없는 자들의 손은 간절하게 하늘을 향해 빌고 있고, 신전들은 불타고 있고, 집주인들이 안에 갇힌 채 가옥들은 무너져버렸고, 철저히 황폐해지고 비참해진 후에도, 농경지 사이를 흐르는 것도 아니고, 사람과 동물에게 식수를 공급해주는 것도 아닌, 온 사방이 아직도 불타고 있는 곳을 흐르는 강을 볼 수 있었다.

베스파시아누스와 티투스의 개선식은 참으로 웅장했지만, 이는 새로운 영토의 획득이 아니라 반란의 진압을 기념하는 것이었다. 이보다 훨씬 더 호화로웠던 것은 로마의 가장 위대

1. 로마 시내 티투스 황제의 개선문 부조. 예루살렘의 신전에서 획득한 전리품을 앞세운 개선 행렬.

한 장군들이 자신이 이룬 정복을 과시하려고 한 기원전 1세기의 개선식이었다. 기원전 46년 9월, 율리우스 카이사르는 갈리아와 아프리카, 이집트, 폰투스(흑해의 남쪽 연안)에서 자신이 거둔 성공을 기려 12일에 걸쳐 축제를 열었다. 그것은 전례 없이 성대한 개선식이었다. 매일매일 새롭게 경탄할 만한 행사들이 열렸다. 하루는 포로들이 끌려나왔다(일부는 풀려나고, 일부는 처형되었다). 다른 날에는 이국적인 동물들이 전시되었다(로마 최초로 기린을 선보였다). 또 어떤 날에는 특별히 건설된 인공 호수에서 모의 해전이 벌어졌다. 또다른 날에는 대경기장에서 포로들을 동원한 대규모 모의 전투를 벌였는데, 경우에 따라서는 코끼리 40마리가 투입되기도 했다. 머리 위 높이 쳐진 비단 천막(카이사르의 또하나의 호사였다)이 만들어주는 그늘 아래서 관중들은 수천 명의 포로들이 죽어가는 모습을 보며 박수를 쳤다. 이와 같은 개선 행사에서는 제국의 도륙 현장이 수도 한가운데에서 재현되었던 것이다. 환호하는 군중은 로마 군대가 이룬 성과와 로마에 저항한 자들의 파멸을 크게 기뻐했다. 개선 행사의 마지막을 장식한 것은 카이사르가 폰투스에서 거둔 승리를 다채롭게 묘사한 그림 행렬이었는데, 행렬 사이사이에 간단한 메시지를 담은 현수막이 섞여 있었다. 기간도 짧고 중요지도 않았던 카이사르의 브리타니아 원정과 종종 잘못 결부되는 이 표어는 로마의 군사적 우월성을 상기시켜주는 간결한 메시지였다. "왔노라, 보았노라, 이겼노라(Veni, vidi, vici)."

이런 식으로 사람들은 정복을 열렬히 찬미하기 십상이다. 그런 만큼 모든 개선식(기원전 252년부터 53년까지 70차례 이상 거행된)은 한편으로 방대한 수의 병사와 민간인들을 포획하고 살육했음을 의미한다는 사실을 잊기 쉽다. 잠시 멈춰 서서 로마 제국의 수립을 특징짓는 가공할 공포와 무자비한 파괴에 대해 생각해보는 것이 중요하다. 갈리아에서 율리우스 카이사르의 군대는 100만 명의 전투원을 살해했고, 나아가 또 다른 100만 명을 노예로 만들었다. 인적·경제적 관점에서 볼 때, 카이사르의 정복은—자신을 홍보하기 위한 글에서 군단의 파괴력을 과장되게 서술한 점을 감안하더라도—스페인의 아메리카 대륙 침략 때까지는 그 살육의 규모에서 필적할 만한 사례가 없었다.

더구나 정복 이후 일어나는 반란을 진압했을 때도 정복 당시에 못지않은 만행을 저질렀다. 60년에는 브리타니아 남동부 지역의 이케니족이 반란을 일으켰다. 아마 독립을 다시 쟁취하기 위한 시도였다고 보는 편이 정확할지도 모른다. (각각 지금의 콜체스터, 세인트 올번스, 런던에 해당하는) 카물로두눔, 베룰라미움, 론디니움이 약탈당했으나 로마의 반격으로 재빠르게 재점령되었다. 수천 명의 브리타니아인들이 살해되었으나, 로마측 사상자는 400명도 채 되지 않았다. 이는 인종청소의 초기 사례로, 로마군은 모든 저항이 진압될 때까지 이케니족을 계속해서 공격했다. 이케니족의 지도자 중 한 사람인 부디카는 스스로 목숨을 끊었다. 로마인들을 몰아내려 했던 시도는 엄청난 희생을 치른 끝에 비참하게 실패했다.

적진을 공략하는 로마군의 가공할 능력은 113년에 헌정된 트라야누스 기념주(記念柱)에 인상적으로 표현되어 있다. 30미터 높이의 이 기념주는 트라야누스 황제가 지휘한 두 차례의 다키아 원정을 기념하기 위해 건립된 것이다. 지금도 로마 시의 중심부에 서 있는 이 하얀 대리석 기둥에는 얕은 돋을새김으로 조각된 좁은 띠(대형 연재만화 같다)가 스물네 번 감겨 올라가면서 장식되어 있다. 통틀어 2,500개의 인물상으로 154개의 장면을 표현한다. 이러한 이미지들은 트라야누스의 원정을 있는 그대로 묘사하기보다는 한층 이상적으로 미화된 형태를 통해 제국 팽창을 이야기한다. 여기서 로마 군대는 질서정연하게 행진하는 모습으로 그려져 있으며, 원기왕성하고 훈련이 잘된 병사들이 군영이나 진지, 도로, 교량을 건설하고, 적의 요새를 포위하여 함락시킨다. 그들은 전쟁에서 패하는 법이 없다. 이런 이미지의 세계에서 로마인들은 절대로 다치거나 죽지 않고, 적들만이 죽는다. 또한 친히 지휘봉을 잡는 황제의 위풍당당한 모습이 항상 승리를 보장한다. 트라야누

2. 로마 시내에 있는 트라야누스 황제 기념주의 부조. 로마 병사들이 전투에서 벤 적의
   머리를 트라야누스 황제와 그 참모들에게 내보이고 있다.

스는 전투에서 장병들을 지휘하고, 사절단을 맞이하고, 고위 장교들과 상의하고, 병사들에게 연설하고, 신들의 가호를 빌며 희생제를 올리는 모습으로 등장한다.

이와 마찬가지로, 트라야누스의 원주는 전쟁의 참혹함 역시 매우 정교하게 사실적으로 기록하고 있다. 패배한 다키아인들이 자비를 구하면서 무릎을 꿇고 있다. 포박당한 사람도 있고, 고문을 당하는 사람도 있다. 마을은 불타고, 무방비 상태의 주민들은 가축과 함께 살육당한다. 전과에 따른 보상을 노리는 로마 병사들은 황제와 참모들 앞에서 적군의 잘린 수급을 내보인다.

전쟁이 끝나면 주민들은 가축과 함께 강제로 쫓겨나고, 그들의 토지는 로마의 정착민들이 소유하게 된다. 이러한 정복 장면의 무대는 물론 다키아이지만 거기에서 그려지는 것은 보편적인 주제, 즉 로마의 지배는 필연이며 저항은 무의미하고, 새로운 영토 획득에는 늘 폭력이 따른다는 것이다. 트라야누스의 원주가 자랑스럽게 선언하듯이, 로마의 지배에 저항하려 드는 자는 비참한 결과를 각오해야만 한다.

그러나 일부 저항 세력은 이 모든 것을 감수할 준비가 되어 있었다. 제국의 진격을 저지하기 위한 용감하지만 헛된 시도에 갈채를 보내는 사람들에게 유대 반란 때의 마지막 싸움보다 더 고무적인 이야기는 없을 것이다(유대 반란은 예루살렘 함락 이후 4년쯤 지난 74년 봄에야 진압된다). 유대 종파들 중 하나로 가장 헌신적으로 투쟁한 이 일파는 시카리(sicarii : '단검을 지닌 자들')라고 불리기도 했다. 이 도시 암살단원들은 망토 속에 단검을 감추고 늘 붐비는 예루살렘에서 순례자들과 섞여 다니면서 (로마의) 협력자로 고발된 유대 지도자를 암살했다. 66년 여름 반란이 발발했을 때, 시카리는 로마 주둔군으로부터 마사다 요새를 빼앗았다. 마사다는 고대 유대 지역에서 방어하기에 가장 유리한 요새들 가운데 하나였다. 사해 서쪽의 좁고 깎아지른 듯 몹시 가파른 고원에 자리잡은 이 요새에서는 소금기로 반짝이는 평원이 내려다보였다. 한마디로 탁 트인 전망을 자랑했다. 이곳에서 시카리는 예루살렘이 티투스에게 함락되고 심지어 로마에서 티투스의 개선식이 열린 후에도 계속 저항하고 있었다.

속주 유대에서 소탕 임무를 맡고 있던 로마 장군 플라비우스 실바(Flavius Silva)는 마사다를 포위하고, 그곳에 있던 967명의 남녀노소에 맞서 거의 1년 동안 1개 군단과 그 지원군(모두 합해서 8,000~9,000명)을 동원했다. 당시 로마군이 평지에 석재로 구축한 진지의 유적은 고대 로마 세계에서 가장 잘 보존된 곳 중 하나로, 그 윤곽을 아직도 볼 수 있다. 4킬로미터의 포위벽이 고원의 맨 아랫부분을 에워싸고 있기 때문이다. 거대한 공격용 경사로에 비하면 진지와 포위벽 모두 왜소해

3. 마사다 요새의 항공사진.

보인다. 경사로의 길이는 205미터로, 수평으로 3미터마다 수직으로 1미터씩 높아지는 비율로 70미터(20층 건물 높이)를 올라간다. 경사로 돌출부에는 공성퇴(攻城槌)의 기단으로 쓰일 직경 23미터의 석재 테라스가 건설되었다.

이와 같은 숫자는 꽤 인상적이지만, 자신들을 포위하기 위해서 거침없이 실행되는 건설 작업을 날마다 바라보면서 유대인들이 느꼈을 점점 커져만 가는 공포심의 일부를 드러낼 뿐이다. 거창한 개선식이 로마의 위세를 보란듯이 과시하는 것이듯, 마사다 포위 공격은 로마에 감히 맞선 약 천 명의 저항 세력에 대해서까지 방대한 인적·물적 자원을 집중시킬 수 있는 제국의 강력한 힘을 보여주는 사례였다. 저 멀리 로마에 세워진 티투스의 개선문과 마찬가지로, 마사다의 서쪽 급경사면에 굳건히 남아 있는 거대한 경사로는 반란 역시 불가능하다는 것을 상기시키는 영원한 상징인 것이다

죽음을 피할 수 없음이 확실해지자, 시카리는 자살을 택했다. 7명을 제외하고는 모두 스스로 목숨을 끊었다. 2명의 여성과 5명의 아이들은 지하수조에서 요새로 물을 공급하는 수도관 안에 숨어 있었다. 바로 이 생존자들이 최후까지 남아 있던 유대 반란 세력의 마지막 순간과 그들을 결집시킨 지도자 엘르아잘의 최후 외침을 전했다.

자! 우리의 손이 결박되지 않아 자유롭게 칼을 쥘 수 있을 때, 우리를 위해 고귀한 일을 하게 합시다. 적들의 노예가 되기 전에 죽음을 맞이합시다. 자유인으로서 아내와 자식들과 함께 이 생을 마감합시다. …… 로마인들을 압박해서, 그자들이 여길 함락시켰을 때 기대했던 만큼의 만족을 얻지 못하게 합시다. 대신 우리의 죽음으로, 우리의 대담함에 대한 경외심으로 그자들이 할 말을 잃게 만듭시다.

제국의 사명

제국의 이런 폭력적인 면이 진솔하게 기술되는 경우는 별로 없다. 로마인들은 제국의 팽창과 정복 후의 속주를 통제하기 위한 후속 조치들을 설명할 때, 자신들이 침략자였다는 사실을 좀처럼 인정하지 않았다. 오히려 자신들의 영토 보전을 위협하는 것으로 여겨지는 적들을 평정하기 위해 전쟁을 벌였다고 주장했다. 제국의 설립은 조국의 안전을 위한 온건하고 타당한 정책의 미리 계획되지 않은 결과였다는 것이다. 기원전 1세기의 가장 유명한 웅변가인 키케로가 이를 간단명료하게 표현했다. "전쟁을 벌이는 유일한 이유는 우리 로마인들이 평화롭게 살기 위해서다."

이러한 견해는 악티움 해전에서 옥타비아누스(아우구스투

스)가 승리를 거둔 이후 10년 동안 시인 베르길리우스에 의해 격조 높게 구가되었다. 역사상 가장 위대한 서사시 가운데 하나로 꼽히는 베르길리우스의 『아이네이스』는 오디세우스의 교묘한 조언에 따라 목마의 배 속에 숨어 있던 그리스인들에게 함락된 조국에서 도망친 트로이 왕자 아이네아스(Aeneas)의 운명을 다룬다. 『아이네이스』는 호메로스의 『일리아스』가 끝난 시점에서 이야기를 시작한다. 아이네아스는 연로한 아버지 안키세스(Anchises)를 업고, 애써 뒤처지지 않고 따라오려는 어린 아들 아스카니우스(Ascanius)를 데리고 트로이를 탈출한다. 여기서부터 아이네아스가 서쪽으로 지중해를 유랑하며 처음에는 카르타고, 그리고 마침내 이탈리아에 이르는 대서사가 시작된다. 이탈리아에서 트로이인들은 원주민인 루틸리인들과 싸운다. 자신들의 땅을 빼앗으려는 외부 침입자들에게 저항한 루틸리인들은 패배에 내몰릴 운명이었다. 그들의 왕 투르누스(Turnus)는 아이네아스와의 일 대 일 결전에서 패한다. 신들의 왕 유피테르가 아이네아스에게 내린 명령은 지중해 세계를 지배할 운명을 타고난 민족의 조상이 되는 것이었다.

베르길리우스의 『아이네이스』는 로마 역사를 아주 간략하게 소개한다. 새로운 터전을 찾으려는 아이네아스의 여정은 제국을 세우는 로마의 사명을 매우 면밀하게 예시한다. 모험을 시작했을 때 폭풍우로 인해 항로에서 벗어난 아이네아스는 카르타고의 항구로 피난한다. 아이네아스가 극복해야 했던 가장 힘겨운 시련 가운데 하나는 이 도시가 선사하는 쾌락과 여왕 디도(Dido)의 경이로운 매력에서 벗어나 자유로워지는 것이었다. 그는 거의 실패할 뻔한다. 아이네아스의 이 개인적인 '포에니 전쟁'은 로마의 실제 포에니 전쟁만큼 힘겹고 치열한 것이었다. 유혹해오는 디도는 전장의 한니발 못지않은 강적이었다. 어느 날 밤, 아이네아스는 정욕에 몸을 맡겨버린다. 그러자 돌연 폭풍우가 몰아치는 가운데 유피테르의 전령 메르쿠리우스에 의해 자신의 운명을 다시 한 번 상기하게 된다. 신의 영감을 받아 극도로 흥분한 아이네아스는 트로이인들에게 출항을 명령한다. 이 소식을 듣고 미쳐버린 디도는 절망한 나머지 자살을 택하고 만다. 디도의 자살은 제3차 포에니 전쟁 후에 완전히 소멸되는 카르타고의 운명을 예고한다.

　카르타고를 벗어난 아이네아스는 먼저 시칠리아에 상륙하여 아버지 안키세스의 시신을 묻는다. 그리고 나폴리 근처 쿠마이에 도착하여 동굴 깊은 곳에서 아폴론 신의 영감을 받는 예언자 시빌라에게 예언을 듣는다. 아이네아스는 신의 명령에 따라 자신의 운명과 충성스러운 추종자들의 미래를 알기 위해서 지하세계를 여행한다. 이곳에서 아버지의 영혼이 안내하는 대로 아직 태어나지 않은 로마 영웅들의 행렬을 목격한다. 그것은 실로 로마의 시작을 알리는 사건부터 이탈리아 정복, 포에니 전쟁, 지중해 동부 지역의 점령을 거쳐 폼페이우스, 율리우스 카이사르, 아우구스투스에 이르는 제국 역사의 개선 행렬이었다. 이러한 광경에는 로마의 운명이 명시되어 있다. 안키세스는 이렇게 예언한다.

다른 자들은 청동으로 훨씬 더 섬세하게

숨쉬고 있는 듯 생생한 형상들을 주조할 것이라고, 나는 확신할 수 있다.

그리고 대리석에서 실물보다 더 살아 있는 듯한 모습들을 끌어낼 것이며,

더욱 유창하게 설득할 것이며, 막대기를 사용하여

하늘의 궤도들을 정확하게 따라갈 것이며,

떠오르는 별들을 정확하게 예언할 것이다.

로마인이여, 기억하라. 너의 힘으로 지상의 민족들을

지배하리라는 것을. 왜냐하면 너의 기술이 될 터이므로.

평화를 정착시키고, 법의 지배를 확립하고,

정복당한 자들에게 인정을 베풀고, 오만한 자들을 진압하는 것이.

다른 민족의 국민적 서사시들을 읽다보면 아이러니컬한 미소를 짓게 될 때가 자주 있다. 21세기를 사는 많은 독자들은

문제가 많은 유럽 식민주의의 유산을 곰곰이 생각하면서, 법이 없는 열등한 민족을 문명화하는 것이 로마 제국의 사명이라는 베르길리우스의 시적 선언을 꺼림칙하게 여길 수도 있다. 그렇긴 하지만 『아이네이스』를 가리켜 시라는 수단으로 로마의 압제를 정당화하려 한 시도라고 묵살해버려서는 안 된다. 이 작품이 지닌 전쟁과 평화에 대한 함의는 사실 미묘하다. 아이네아스의 사랑을 받다가 끝내 버림받고 죽어가는 디도에게 깊은 동정심을 느낄 수도 있는데, 아이네아스 역시 일 대 일 결전에서 패한 루틸리인들의 왕 투르누스를 잔인하게 죽이기 전에 망설인다. 자신을 따르는 자들과 후손들을 이탈리아에 정착시키라는 신의 명령을 받은 아이네아스의 유랑이라는 관점으로 보면 투르누스를 죽이는 것이 정당화될지도 모르지만, 어쨌든 그것은 분노와 복수라는 광란의 충동에 휘둘린 잔인한 행위였다. 그렇다 하더라도, 군 지휘관의 승리를 축하하는 요란한 개선 행렬처럼, 『아이네이스』는 패배한 자들에게도 동등한 발언권을 주려고 하지는 않았다. 적들을 대거 학살한 로마를 노골적으로 찬미하지는 않았지만, 『아이네이스』는 분명 로마 제국의 성과를 긍정적으로 묘사한다. 로마에 대한 훨씬 냉담한 평가들에 맞서서 확고한 입장을 취하려 했던 것이다.

이와는 대조적으로, 83년 브리타니아 반란의 최종 진압에 대해 서술한 동시대 역사가 코르넬리우스 타키투스는 반란의 지도자 칼가쿠스(Calgacus)로 하여금 (중과부적으로 결국 패배하기 전에) 제국의 지배를 통렬하게 비판하는 연설을 하게 했다. 로마측의 저술가가 이처럼 제국에 대한 비판을 표현하는 경우는 매우 드물다. 이는 승자 쪽에도 정복 활동으로 인한 파괴와 학살에 저항감을 가진 사람도 있었음을 보여주는 귀중한 예증이다. 『아이네이스』에 드러난, 신의 명령을 배경으로 한 로마 제국주의의 정당화에 대해서는 칼가쿠스의 엄중한 비판이 반대편에 자리잡고 있었다.

세상을 약탈하는 자들은 이제 무차별한 대량 파괴로 육지가 사라지자 바다를 샅샅이 뒤지기 시작한다. 적이 넉넉하면 탐욕을 부리고, 적이 가난하면 자만심에 우쭐댄다. 동쪽도, 서쪽도, 그자들을 만족시키지 못했다. …… 파괴와 학살, 노략질에 '지배'라는 잘못된 이름을 붙인다. 황폐하게 만들어버리고는 그것을 '평화'라고 부른다.

마사다 요새에서 엘르아잘이 용기 있게 저항했던 것처럼, 어떤 이들은 칼가쿠스의 이 말을 비장한 최후를 택한 자유의 전사들이 토한 사자후로 여길지도 모른다. 그러나 대부분의 사람들에게 칼가쿠스의 연설은 신들의 승인을 받은 로마의 세력 팽창을 저지하기 위해 맹목적으로 달려드는 반정부 테러리스트의 위험한 선전에 불과했다.

제 2 장

황제의 권력

권력의 행진

과거 대도시 에페소스(터키의 에게 해 연안에 있다)를 방문한 여행객들은 250명이 넘는 신관(神官), 청년, 지역 유지들이 금과 은으로 된 31개의 작은 조각상들을 받쳐들고 행진하는 인상적인 광경을 보려고 쇄도하는 사람들 때문에 혼잡을 겪었을 수도 있다. 그 행렬은 에페소스의 대부호였던 가이우스 비비우스 살루타리스(Gaius Vibius Salutaris)가 토지, 현금, 금괴를 후하게 기부한 뒤인 104년 2월부터 시작되었다. 이 기부는 에페소스 시의 극장 남쪽 입구에 있는 장대한 비문에서 당당하게 기려졌다. 그것은 로마 세계 전역에서 출토된 비문들 중 가장 긴 것으로, 16제곱미터쯤 되는 대리석 판에 총 568행의 문장이 세로로 6렬에 걸쳐 새겨졌다. 비문의 도입부에서는 살루타리스의 다양한 기부 내용이 상세하게 소개되고, 그것을 시민들이 고맙게 받아들였다는 사실이 기록돼 있다. 지나가는 행인들이 상세한 내용을 다 읽을 수는 없었겠지만, 살루타리스의 기부를 기념하기 위해 건립한 이 기념비의 놀라운 크기에는 탄복했을 것이다.

살루타리스는 이 퍼레이드를 세심하게 조직함으로써, 참가자와 관람자에게 에페소스의 역사를 간결하게 소개하려 했다. 행렬은 시 외곽의 아르테미스 신전에서 출발했다. 이 신전은 고대 세계 7대 불가사의 가운데 하나로, 지중해 동부 지역에서 가장 부유한 신전으로 꼽혔다. 에페소스는 아르테미스 여신의 숭배로 유명했다. 제우스와 레토의 딸인 아르테미스 여신은 에페소스 외곽에 있는 신성한 숲에서 태어난 것으로 여겨졌다. 아르테미스 여신의 어머니 레토는 제우스의 아내인 질투심 많은 여신 헤라의 위협에서 벗어날 수 있는 이곳에서 성스러운 공간을 발견했던 것이다. 이 행렬에서는 9개의 아르테미스 여신상이 구심점을 이루었다. 조각상 8개는 은으로, 1개는 금으로 만들어졌다. 이는 에페소스가 로마 제국의 일부가 된 지 이미 오래인 서기 2세기에도 여전히 전통적인 그리스 신들과의 관계를 존중하고 있었음을 상기시켜준다.

행렬에서는 에페소스 시의 지난 역사도 과시되었다. 오랜 전승에 따르면, 에페소스는 살루타리스가 기부한 때보다

1,100년 전에 영웅 안드로클로스(Androklos)가 건설한 것으로 여겨지고 있었다. 언젠가 초원에서 물고기를 조리하고 있었는데 그 냄비가 엎어지면서 풀숲에 불이 붙었다. 이에 놀라 뛰쳐나온 멧돼지를 안드로클로스가 잡아죽였는데, 이는 정착민들이 도시를 세울 장소는 '물고기가 알려주고 멧돼지가 길을 안내하는 곳'이라는 아폴론의 신탁을 실현한 것이었다. 그 후 기원전 3세기 초에 에페소스는 알렉산드로스 대왕의 최측근이었던 리시마코스(Lysimachos)가 재건했다. 리시마코스는 현재도 유적이 남아 있는 지점으로 도시를 옮겼다. 이곳은 배가 드나들 수 있는 항구에 면해 있으며, 거대한 성벽으로 둘러싸여 철저하게 방어되고 있었다. 살루타리스의 기부로 시작된 퍼레이드에서는 도시의 두 창건자들과 피온 산을 묘사한 은으로 만든 상을 포함시킴으로써 에페소스의 과거 가운데서 특히 중요한 순간들을 기념했다. 피온 산은 리시마코스가 새로 세운 도시의 상업지구 뒤편에서 도시를 보호하듯 우뚝 서 있는데, 한때는 그 기슭에서 안드로클로스가 멧돼지를 사냥했다.

행렬이 아르테미스 신전에서 출발해 도시의 주요 거리를 지나 다시 신전으로 돌아오는 데는 90분 정도 걸렸다. 참가자 250명과 조각상 31개로 이루어진 이 행렬은 에페소스 사회, 도시와 신들의 관계, 그리고 로마가 정복하기 훨씬 전에 이루어진 도시 건설(그리고 재건)의 기본 모형을 제시한 것이었다. 그러나 더욱 중요한 점은 이처럼 세심하게 연출된 활인화(活人畵, tableau vivant)라고도 할 수 있는 이 행렬에 좀더 최근의 일도 자연스럽게 포함시킨 것이다. 에페소스 시 참사회를 상징하는 조각상 앞에는 로마 원로원을 의인화한 상징물이 행진하고, 시 참사회 상 뒤로 아르테미스 상을 포함해서 로마 인민을 상징하는 상이 따랐다. 가장 중요한 것은, 은으로 만든 트라야누스 황제와 그 아내 플로티나의 상이 이 모든 행렬을 선두에서 이끈 점이다. 이와 같이 반짝이는 로마 지배의 우상은 에페소스의 창건자들과 수호 여신 아르테미스와 함께 긴 행렬 안에서 연결되어 있었다.

살아 있는 황제를 마치 신처럼 찬미함으로써, 에페소스 사람들은 제국의 패권을 인정할 뿐만 아니라 이를 이해하고 좀더 지역적인 관심사와 연결하고자 했다. 이러한 움직이는 역사교실은 천천히 위풍당당하게 도시의 중요 지점을 지나 행진하면서, 에페소스가 로마 제국 안에서 차지하는 위치를 유기적으로 이해하는 데 도움을 주었다. 에페소스의 가장 새로운 지구인 상부 광장에서 트라야누스 황제와 아르테미스 여신의 상은 신격화된 율리우스 카이사르와 아우구스투스의 신전 앞을 지나, 1세기 후반에 건립된 '신의 은총을 받은 황제들'의 신전에 안치되어 있는 (실물보다 4배나 큰) 1개의 거대한 상을 보면서 지나갔다. 특히 이곳에서 행렬이 시사하는 점은 무엇보다도 로마 황제 트라야누스가 아무리 멀리 떨어져 있더라도 이전의 지배자들이나 아르테미스 여신처럼 에페소스 시에 특별한 관심을 기울이고 있다는 것이었다. 트라야누스는 재위 기간 중에 에페소스를 단 한 번 방문했지만(113년 늦은 가을, 안티오키아와 동쪽 변경으로 가는 길에 잠시 머물렀다), 에페소스 시민들은 황제가 언제나 자신들을 보살피고 있다고 믿고 그렇게 주장했다. 나아가 광대한 제국 안에서 자신들이 얼마나 높은 지위에 있는지를 재차 확인하면서, 살루타리스의 규정에 따라 2주에 한 번씩 트라야누스 황제의 빛나는 은제 상을 받쳐들고 거리 곳곳을 행진했다.

그보다 앞선 세대에, 아프로디시아스 시(에페소스에서 내륙으로 130킬로미터 정도 들어간 곳에 위치)에서 부유한 두 가문이 자신들의 유력한 지위, 그리고 아프로디시아스 시와 로마의 특별한 관계를 찬미했다. 그들은 아프로디테 여신(아프로디시아스라는 도시 이름은 이 여신을 기리는 의미에서 붙여졌다)과 '신의 은총을 받은 신군(神君)들'에게 바치는 하얀 대리석으로 만든 두 동의 장대하고 화려한 포르티코(portico: 지붕이 있는 주랑 현관)를 건립할 자금을 제공했다. 3층으로 된 이들 포르티코는 90미터쯤 되는, 대리석으로 덮인 대로를 사이에 두고 마주서 있었다. 대로의 한쪽 끝에는 거대한 기념문이 서 있었고, 다른 쪽 끝에는 황제를 숭배하는 웅장한 신전이 서 있었다. 각 포르티코 상부의 2층과 3층은 둥근 기둥들에 의해 정사각형의 칸들로 구획돼 있었다. 구획된 칸의 수는 총 190개로, 저마다 화려한 조각으로 장식되었다. 북쪽 포르티코의 2층에는 아우구스투스 시대에 정복된 민족의 의인화된 상이 장식되었고, 맞은편의 남쪽 포르티코는 그리스 신화에 나오는 장면들로 장식되었다. 그 위층에는 황제들과 올림포스의 신들이 각각 묘사되어 있었다. 거기에는 역사와 신화가 한데 어우러져 있었다. 서기 43년 클라우디우스 황제의 브리타니아 침공을 기념하는 칸과 네로 황제 재위 초기인 54년 아르메니아에서의 승전을 기념하는 칸 사이에는 날개를 단 승리의 여신이 새겨져 있었다. 올림포스의 신들처럼 로마의 황제들도 벌거벗은 남성 영웅의 모습으로 묘사되었다. 건장한 풍채에 망토를 인상적으로 휘날리고 있는 아우구스투스에게 육지와 바다의 의인화된 상이 경의를 표하고 있고, 다부진 체격의 클라우디우스 황제는 패배한 브리타니아의 머리채를 잡아 머리를 뒤로 젖힌 채 곧 치명타를 가할 태세로 의기양양하게 서 있다.

이는 주의 깊게 살펴보아야 할 장면들이다. 거기에서는 로마의 승리를 기념하면서 이를 전통적인 신화와 고대 신들이 정해놓은 우주 질서의 일부로 파악하려 하고 있기 때문이다. 황제를 시간이나 공간의 한계를 뛰어넘은 신과 같은 존재로 여김으로써, 로마의 속주 사람들은 자신들의 예속 상황을 이해할 수 있게 되었다. 일찍이 로마와는 아무런 관계도 없었던 '과거'를 로마 지배하의 '현재'라는 시간과 연결할 수 있었다. 아프로디시아스에서는 제국 지배의 가장 잔혹한 일면인 정복마저도 그리스 세계의 전통적인 종교 체계에 통합되었다. 무자비한 정복 활동은 그리스 신화와 로마의 역사, 아프로디시아스 시와 로마 시, 그리고 올림포스 신들과 벌거벗은 로마 황제들의 연관성을 주장하는 이미지들을 통해 그 잔인함이 약화되었던 것이다. 이러한 조각 작품을 보는 사람들은 한층 더 발전하는 로마 지배를 찬미할 수 있게 되었다. 이러한 제국 찬미의 세계상에서는 아프로디시아스가 브리타니아와는 달리 무기력하게 황제의 발에 짓밟히는 일은 결코 없을 것이다.

이와 같은 기본 패턴이 도처에서 반복되었다. 미틸레네(Mytilene: 에게 해 북동쪽 레스보스 섬에 있다) 시민들은 4년마다 아우구스투스를 기리는 대회를 열고 그의 탄생일에 희생을 바치기로 결의했다. 이런 행사는 기존의 제우스 신에 대한 의식을 본뜬 것이었다. 그리고 이 결의 내용은 황제에게 이를 직접 전하는 임무를 수행했던 사절단에게 주어진 지시문과 함께 자랑스럽게 비문으로 새겨졌다. 사절단은 아우구스투스 황제를 알현하면서, "신성한 영예와 신들과 같은 걸출한 권능을 이미 지니고 있는" 황제에게는 이러한 결의도 대단치 않은

4. 아프로디시아스 시의 황제 숭배 신전에서 나온 부조. 클라우디우스 황제가 브리타니
  아를 제압하는 모습.

것임을 미틸레네 사람들도 잘 알고 있다고 강조했다. 또한 심
지어 "황제의 신성(神性)을 드높일 수 있는 어떤 일에서도 미
틸레네 시의 열의와 헌신은 부족하지 않을" 것이므로, 장차
황제의 영예를 높일 수 있는 방안이 마련된다면 미틸레네 시
민들은 그것을 제도화할 것이라는 점도 분명히 했다.

저 멀리 지중해의 반대편, 갈리아에서는 공동체의 지도자
들이 네마우수스 아우구스투스, 보르마나 아우구스타, 마르
스 루케티우스 아우구스투스, 아우구스투스 데우스 아누알
루스, 코메두아이 아우구스타이 같은 기묘한 잡종 신들을 기
리는 비문을 세웠다. 앞에서 언급한, 에페소스 시의 살루타리
스 행렬에서 아르테미스 여신과 트라야누스 황제가 등장하
고, 미틸레네 시에서 제우스 신과 아우구스투스 황제를 연결
했듯이, 갈리아에서도 조상 전래의 신들과 로마 황제들을 이
처럼 확실하게 연결하는 것은 정복 사실을 납득시킬 새로운
방법을 모색하여 로마 지배에 건설적으로 대응하려는 전통적
인 신앙 체계의 역동적인 힘을 보여준다. 일종의 '종교적 이중
언어주의'라고도 할 수 있는 이런 방식을 통해, 제국과 지역의
관심사가 융합되는 것이 용이해졌던 것이다.

다른 제국령에서도 그렇듯이, 갈리아에서도 황제 숭배는
사회적 위신을 얻으려는 치열한 경쟁 속에서 종종 중요한 의
미를 지녔다. 예컨대 170년대 후반, 마르쿠스 아우렐리우스

황제와 코모두스 황제는 갈리아 지역의 황제 숭배 중심지였던 루그두눔(Lugdunum: 현재 프랑스 남부의 리옹)에서 신관(神官) 직의 비용이 경쟁심에 의해 점점 늘어나는 사태를 방지하기 위해서 개입했다. 모든 신관들이 훨씬 더 호화로운 검투사 경기를 제공함으로써 전임자를 능가하려고 했기 때문이다. 로마 원로원은 법령을 제정해 검투사에 대한 현상금의 상한선과 검투사를 훈련시키는 자들이 청구하는 경비의 상한선을 정하도록 했다. 황제의 신위(神威)를 기리기 위해서 대중 앞에 선보이는 화려한 축제에 대한 열망과, 황제 숭배를 위한 신관직의 경비가 과도하게 늘어나지 않도록 해야 할 필요성 사이에서 균형을 잡아야만 했다. 속주에서 가장 명망 있는 공직 가운데 하나인 신관 직은 갈리아 지역의 엘리트층을 이루는 가장 부유한 자들에게 매우 중시되는 자리로서 반드시 존속되어야 했는데, 이는 모든 관련자들에게 중요했다.

　로마 시에서는 이미 세상을 뜬 황제만이 신으로서 황제 숭배의 대상이 될 수 있었다. 포룸을 둘러싸고 있는 신격화된 황제들의 위엄 있는 신전이나 기념물들이 제국의 정치·종교의 중심지를 압도했다. 최초로 들어선 것은 신격화된 율리우스 카이사르에게 바쳐진 신전으로, 카이사르가 암살되고 2년 후인 기원전 42년에 지지자들이 건립했다. 카이사르의 신성은 하늘에서 새로운 신의 탄생을 알리는 혜성이 나타남으로써

5. 안토니누스 피우스 황제와 파우스티나 황후의 신격화. 안토니누스 피우스 황제의 원
주 기단부에 새겨진 부조. 현재 로마 바티칸 박물관 소장.

이미 확정되었다. 카이사르의 양자인 옥타비아누스에게 혜성의 출현은 당당하게 '신의 아들(diui filius)'이라고 자처한 바를 정당화하는 것이었다. 뒤이어 일어난 내전에서는 이처럼 인상적인 칭호에 의해 신의 은총이 옥타비아누스에게 있음이 강조되었다. 또한 그의 승리 역시 '신의 아들'이라서 얻은 승리로 해석되었다. 패배한 안토니우스에게 옥타비아누스는 "이름 덕분에 모든 것을 손에 쥔 젊은이"였다. 이 아우구스투스의 신성은 화장용 장작더미 꼭대기에서 독수리가 날아오름으로써 확인되었다. 독수리는 신들의 왕인 유피테르 신의 신령한 새로 여겨졌다. 가끔 이러한 경이로운 신격화의 순간들은 (그러한 순간들이 얼마나 정확하게 묘사될 수 있지는 제쳐두더라도) 더욱 정교한 시각화를 요구하기도 한다. 161년에 타계한 황제 안토니누스 피우스를 기리기 위해 사후 얼마 안 지나 세워진 원주의 기단부 부조는 멋진 날개를 단 청년의 등에 실려 하늘로 올라가는 황제와 (이미 세상을 떠난) 그 아내 파우스티나를 묘사했다. 좌우로 독수리의 호위를 받으며 황제 내외는 수도 로마를 의인화한 상 위로 높이 날아오른다.

현대인들은 가끔 이처럼 시선을 사로잡는 이미지를 의문의 눈으로 바라보기도 할 것이다. 많은 현대인들은 인간과 신 사이에 도사린, 도저히 넘을 수 없는 벽의 존재를 인정하지 않는 종교 체계를 이해하는 데 어려움을 겪을 수도 있다. 그러나 고대 세계에서 인간과 신은 명확하게 구별된 양극단의 존재가 아니었다. 중요한 것은 인간인가 신인가 하는 개개의 속성이 아니라, 양극단 사이의 모호한 영역 어디에 위치하는가의 문제였다. 또한 우리들이 이해하기 어려운 다른 한 가지는 사회 속에서 종교와 정치가 명확하게 구별되지 않는 점일 것이다. 로마 제국에서 황제 숭배를 둘러싼 종교의식은 지배라는 '실무(행정, 사법, 과세, 전쟁)'에 비해 부차적인 것이 아니었다. 오히려 종교적 형상화와 언설은 로마의 정치를 진전시키는 데 불가결한 요소였다.

황제 숭배를 열렬히 지지하는 사람들에게 살아 있는 황제를 숭배하고 (그들이 사망한 후에는) 신격화하는 행위는 로마 제국의 지배하에 있다는 것이 무슨 의미인지를 이해할 수 있는 수단을 제공했다. 에페소스, 아프로디시아스, 미틸레네, 갈리아 어디에서든, 황제 숭배는 개인과 공동체를 단일한 제국의 중심과 연결할 수 있었다. 전통적인 신들과 지역의 오랜 신앙은 지중해 세계 전역에서 되풀이된 황제 숭배라는 의례의 틀 안에서 통합되었다. 또한 이로써 황제라는 절대 권력을 이해하는 언어를 제공할 수 있었다. 에페소스의 살루타리스와 같은 부유한 사람들이나 공동체 안의 최고 위치에 있는 사람들에게, 다른 인간에게 순종의 표시로 머리를 숙이는 것은 상상도 할 수 없는 사회적 굴욕을 무릅쓰는 일일 것이다. 하지만 신으로서의 황제를 숭배하는 것은 지방의 고위층에게 스스로의 체면을 잃지 않고도 열등한 지위를 수긍할 만한 방법을 제공했다. 실제로 공적·사적인 영예를 둘러싼 경쟁에서 신관직을 수행하고, 축제를 재정적으로 지원하고, 신전 건립을 후원하는 사람들은 초인간적인 황제와의 특별한 관계를 과시함으로써, 자신들의 특권적인 지위를 한층 더 강화하고, 공동체 안에서 자신들의 우월한 지위를 더욱 높일 수 있었다. 무엇보다 그들은 황제 숭배를 통해서 자신들이 제국 사회의 일원이라는 사실을 안팎으로 과시할 수 있었다. 2세기 이집트의 파피루스 조각에 남아 있는 수수께끼 같은 문답집 단편에는 제국에 의해 신의 세계와 인간의 세계에 강요된 계층 구조에 대한 매력적인 시각이 잘 드러나 있다.

신이란 무엇인가? 권력을 행사하는 것이다.
지배자란 무엇인가? 신과 같은 것이다.

친밀함의 문제

제국의 중심에 가까이 있는 사람들, 특히 황실과 친밀한 사람들의 입장에서 보면 이처럼 확신에 찬 신으로서의 황제상도 황제와 직접 대면하면서 겪게 되는 복잡한 문제들과 엇박

자를 빚기도 했다. 앞에서 언급한 황후 파우스티나는 사랑하는 남편 곁에 다소곳이 선 채 하늘로 오르는 모습과는 전혀 다르게 실은 방탕한 여성이었는데, 피우스의 엄격한 황실 내부 규율 때문에 방탕한 생활에 제약을 받았다는 소문이 끊이지 않았다. 마찬가지로, 아프로디시아스 시의 남쪽 포르티코에 새겨진 영웅처럼 빼어나게 균형 잡힌 나체 형상의 클라우디우스 황제와, 말을 더듬고 침을 흘리고 유약할 뿐 아니라 어린 시절에는 무정한 어머니 안토니아로부터 "자연이 아직 완성하지 않았다기보다는 창조 작업을 시작조차 하지 않은" 모자라는 아이라고 멸시를 받았던 황제 사이에도 분명히 거리감이 있다.

　신과 같은 절대적 권력을 행사하는 독재자이면서 한편으로는 너무도 인간적인 결점을 지닌 한 인간. 로마 황제상을 둘러싼 이와 같은 충돌은 가끔, 그리고 당연하게도 일종의 웃음을 유발했을지도 모른다. 가장 재치 있는 농담은 황제 자신들로부터 나왔다. 79년 6월, 임종을 앞둔 베스파시아누스 황제는 "에잇, 빌어먹을. 어쩌면 나는 신이 되겠구나!"라고 냉소적으로 빈정거렸다고 한다. 그보다 25년 전인 54년에, 루키우스 안나이우스 세네카(유명한 도덕주의자, 철학자, 극작가)는 클라우디우스 황제의 신격화를 신랄하게 풍자하는 작품을 썼다. 『아포콜로킨토시스Apocolocyntosis』라는 제목은 고대 그리스어의 'apotheosis(신격화)'라는 단어를 재치 있게 활용한 것으로, '호박으로 만들기' 정도로 번역할 수 있겠다. 세네카의 이 작품에서, 죽은 클라우디우스 황제는 천상의 올림포스 입구에 서서 입장을 허가해달라고 큰 소리로 외친다. 좀 놀란 유피테르 신은 이 요구를 신들의 모임에 상정한다. 논의는 그 요구를 강력하게 반대한 클라우디우스의 종조부인 신군(神君) 아우구스투스의 긴 연설로 끝이 난다. 그는 클라우디우스의 신격화에 맹렬히 반대하면서 이렇게 말한다. "이것을 위해 제가 바다와 육지에 평화를 정착시켰겠습니까? 이것을 위해 제가 내전을 진압했겠습니까? 누가 이 자를 신으로 숭배하겠습니까? 누가 그를 믿겠습니까? 신들께서 이러한 부류의 신을 만드는 한, 아무도 여러분들을 신으로 여기지 않게 될 것입니다." 그 자리에 있던 모든 이들이 동의했다. 클라우디우스는 즉시 천상에서 내쫓겼고, 메르쿠리우스 신이 그를 지하세계로 끌어내려 영원의 시간을 보내는 형벌을 받게 했다.

이처럼 익살스러운 풍자극은 신랄한 위트를 담고 있어도 진지하게 받아들여야 한다. 그것은 로마의 엘리트층이 황제의 신성을 회의적인 눈으로 보고 있었다는 증거라기보다는 (현대 사회에서도 종종 보이는 뛰어난 정치 풍자처럼) 황제 권력에 대한 이해의 어려움과 함께, 권력의 행사를 직접적으로 비판하는 것에 대한 불안이 거기에 표현되어 있다고 봐야 한다. 문제는, 살아 있는 황제의 권위를 수긍할지 여부보다는 황제의 행위를 판단할 도덕적 기준을 만드는 것이었다. 세네카는 철학적 저작 『관용에 대하여』(황제 네로에게 헌정되었다)에서 황제의 권력 행사는 억제될 필요도 있다고 주장한다. 평화를 유지할 책임이 있는 자들은 항상 전쟁에 뛰어들 준비를 해두어야 하며, 정의를 구현하는 자들은 항상 자신의 감정과 언행에 주의할 필요가 있는 것이다.

심지어 가장 비천한 자들조차 누리고 있는 표현의 자유를 군주들에게서 박탈해야만 한다는 사실을 황제께서는 이해하기 어려울 수도 있습니다. "이건 노예 생활이지, 최고의 권력을 누리는 삶이 아니야"라고 말씀하실지도 모릅니다. 당신에게 최고의 권력이란 고귀한 노예 생활을 의미한다는 사실을 깨닫지 못하고 계십니까? ...... 지극히 위대한 이의 노예 생활은 그보다 더 낮아지는 것이 애초에 불가능한 데서 유래하는 것입니다. 이러한 제약은 당신과 신들의 공통점입니다. 신들 역시 천상에 꽁꽁 묶여 있습니다. 당신 역시 최고의 지위에 꼼짝없이 묶여 있습니다.

황제들은 신과 같이 제국을 다스릴 권력을 손에 쥐고 있지만, 그 행동을 적절히 억제해야 하는 도덕률에 묶여 있기도 하다는 것은 엘리트 귀족층에 의한 황제 찬미에서 거듭 등장하는 주제였다. 100년 9월, 저명한 원로원 의원 소(小)플리니우스는 트라야누스 황제와 원로원 앞에서 집정관 직을 부여한 황제에게 바치는 감사의 연설을 했다. 이 연설에서 플리니우스는 관용, 검소, 경건, 공평무사, 가까이하기 쉬움 등 트라야누스의 중요한 덕목들을 열정적으로 강조했다. 공정함에 관해서라면 황제는 "모든 것을 보고, 모든 것을 듣고, 도움을 청하는 곳이면 어디든 필요한 순간에 거기 있는" 신과 같은 존재였다. 유피테르 신조차도 트라야누스에게 감사를 표해야 할 이유가 있었다. "유피테르 신은 폐하를 우리에게 내려주심으로써 전 인류에 대한 자신의 의무를 덜었습니다. 그래서 천상을 위해 쓸 수 있는 그렇게 많은 시간을 갖게 된 것입니다." 무엇보다도 플리니우스는 트라야누스의 시민다운 태도(ciuilitas)에 찬사를 보냈다. 그러한 태도는 사회적 지위를 서로 존중하고 공히 법률의 구속을 받는 시민의 한 사람으로서 행동하는 것이다. 플리니우스가 신중하게 규정한 정치 질서에서 좋은 황제는 좋은 시민이기도 했다. 이 역설이 교묘한 수사(rhetoric)로 거듭 언급되었다. 플리니우스의 송시(頌詩)는 경구를 방불케 할 만큼 화려해서, 군주이면서 동시에 신민이 될 수는 없다는 사실을 거의 잊어버릴 수도 있다.

　황제께서는 자신을 우리들 가운데 한 사람으로 여기시고, 인류의 지배자인 동시에 한 명의 인간이기도 하다는 점을 명심하고 계시기 때문에 그 위광이 점점 커지고 더욱 뚜렷해집니다. …… 인간은 최고의 지위에 오르면 그 이상은 오를 수 없습니다. 그 지위에서 내려서야만 비로소 더 높은 곳으로 오를 수 있는 것입니다.

전제군주를 면전에서 찬미하기란 결코 쉬운 일이 아니다. 플리니우스의 우아하고 수사로 가득찬 표현은 트라야누스 황제와 면식이 있으며, 출세하기 위해서는 황제의 지속적인 호의에 매달려야 하는 황실 측근들이 직면했던 곤란함의 일면을 드러내고 있다. 황제 권력을 이해하는 것은 간단한 문제가 아니었다. 청중과 황제 사이의 어떤 연결고리를 주장하는 것에 (에페소스나 아프로디시아스에서도 그렇듯이) 플리니우스의 성패가 달려 있었다. 플리니우스 연설의 핵심은 트라야누스 황제와 제국 엘리트층이라는, 이해관계가 같은 집단을 겨냥한 것이었다. 플리니우스의 생각에, 황제에게 최고의 미덕이란 이 집단 속에서 '우리들 가운데 한 사람'으로 보이려고 노력하는 것이며, 찬사받아 마땅한 황제가 보호하려고 노력해야 하는 것은 이러한 특권인 것이다. 실은 이 또한 주목할 만한 역설인데, 트라야누스의 일개 시민으로서의 행동이야말로 그의 패권을 보장하는 것이었다. "폐하는 우리 모두가 딛고 서 있으며, 황제의 발자국이 우리의 발자국과 함께 섞여 있는 이 대지를 통해 천상으로 높이 들어올려지기 때문입니다."

황제 권력에 대해 서술하기

트라야누스 황제의 권력 행사 방식을 찬미한 플리니우스의 연설에 담긴 기대들은 플리니우스와 동시대인이자 그의 보살핌을 받는 존재였던 수에토니우스가 저술한 황제들의 일대기에 더 잘 드러나 있다. 수에토니우스는 학자이자 유능한 행정가로서 트라야누스 황제와 그 후계자인 하드리아누스 황제 치세에 중요한 황실 관직들을 역임했다. 플리니우스처럼 수에토니우스도 명쾌한 도덕적 판단을 보여주었다. 수에토니우스는 찬사를 보내기도 하고 비난을 하기도 했다. 비난은 황제와 적당한 거리를 두어야 가능했다. 수에토니우스가 일대기에서 다룬 황제들은 모두 이미 세상을 떠났기 때문에 그 점은 문제가 안 되었다. 『황제들의 전기』에 등장하는 마지막 황제 도미티아누스는 수에토니우스가 저술을 시작하기 한 세대 전에 이미 사망했다.

수에토니우스는 전기 작가로서 무엇보다 인간 행동의 숨은 동기를 밝히고자 했다. 좋은 황제들은 관대함, 시민다운 태도, 온건함, 자비 같은 미덕으로 구별할 수 있었다. 그들 개인의 장점과 절제된 사생활은 로마의 부유한 엘리트층의 지위와 중요성을 배려하는 정책에 그대로 반영되었다. 수에토니우스가 보기에 탁월함의 전형적인 예인 아우구스투스는 원로원의 위신을 회복시켰고 원로원의 우월함을 인정했다. 국가에 질서를 가져왔듯이 사생활 역시 존경받을 만한 자기 절제의 모범을 보인 인물이 아우구스투스였다.

가구나 집안 살림에 돈을 안 쓰는 아우구스투스의 태도는 지금도 남아 있는 의자나 탁자를 보면 알 수 있다. …… 아우구스투스는 낮고 장식이 평범한 침대가 아니면 사용하지 않았다고 전해진다. …… 소식을 했고, 식단은 소박했다. 특히 거친 빵, 은백색 치어, 부드러운 수제 치즈와 싱싱한 무화과를 좋아했다.

나쁜 황제들은 오만함, 잔인함, 탐욕, 사치와 욕정 등의 악덕으로 규정되었다. 그들의 성격상의 결함이나 극도로 무절제한 사생활은 로마의 사회질서 유지에 무관심했던 그들의 죄악과 표리일체를 이루었다. 칼리굴라가 수치스럽게도 평민들 사이에서 인기를 얻으려 한 것은 수에토니우스가 보기에 질서의 파괴를 보여주는 확실한 증거였다. 칼리굴라는 또 자신의 애마를 집정관으로 삼으려 했는데, 이 행위도 원로원 의원의 출세가도의 정점인 이 공직을 모욕하려 한 것이 아니라, 거의 광기에 가까운 애마에 대한 집착을 보여주는 것으로 이해되어야 했다. 이렇게 온통 뒤죽박죽인 세상에서 원로원 의원들에게 자신의 전차를 따라 달리라고 명령함으로써 대놓고 양식을 저버린 이로 여겨진 황제는 사생활에서도 호사스러운 연회에서 남자, 여자, 원로원 의원의 아내, 심지어는 자신의 누이들과도 괴상한 성적 행위를 하는 데 빠져 있다고 믿어지게 되었다.

수에토니우스가 칼리굴라에게서 관찰했던 도덕적 타락은 후계자인 네로 황제에게서도 되풀이되었다. 네로는 64년 로마에서 일어난 대화재에 책임이 있다고 비난을 받았다. 그것은 냉혹한 토지 수탈의 전주곡이었다. 네로는 로마 시 중앙의 50헥타르 땅에 아름다운 정원이 딸린 새로운 궁전을 세웠다. '황금 궁전'이라 불린 이 궁전은 그 규모와 호화로움에서 포룸이 내려다보이는 팔라티누스 언덕에 세워진 아우구스투스나 후계 황제들의 거소를 훨씬 뛰어넘었다. 수에토니우스가 보기에, 로마 중심부에 전원의 대저택과 맞먹는 궁전을 건설한다는 것은 만물의 자연 질서를 왜곡하는 행위였다. 그것은 네로의 체제가 제대로 규제된 사회를 유지하는 데에는 하등의 관심도 없다는 것을 잘 보여주는 상징이었다. 황제의 권력이 원로원 엘리트층의 지지보다 도시 대중의 구미에 더 의존할지도 모른다는 불길한 징후는 전차 경주, 연극, 검투 경기 같은 대중오락에 열을 올리는 네로의 모습에서 최악의 형태로 표출되었다. 수에토니우스에게 이는 네로의 성품에 치명적인 결함이 있음을 확실하게 증명하는 것이었다. 거기에 담긴 도덕적 교훈은 분명했다. 경기장에서 검투를 하고 연극 무대에 등장하는 황제는 세계의 수도인 로마가 화염에 휩싸였을 때 수금을 연주하며 호메로스의 짧은 시를 노래하는 위험한 나르시시스트로서 지탄받아 마땅한 존재인 것이다.

네로의 치세에 관한 가장 중요한 저작이며, 수에토니우스의 『황제들의 전기』와 함께 로마 황제에 대한 현대인의 인식에 큰 영향을 끼친 또하나의 작품에서도 연극에 대한 네로의 관심은 하나의 주제를 이루고 있다. 타키투스는 플리니우스나 수에토니우스와 동시대의 인물로, 지금까지 저작이 전해지고 있는 저술가 중에서도 가장 통찰력 있는 역사가이자 세련된 정치 평론가의 한 사람으로 꼽히고 있다. (120년경 완성된) 『연대기』에서 타키투스는 무대 위에서 다양한 역할을 기쁘게 연기하는 네로의 모습을 묘사하면서, 그것은 네로가 궁전이라는 사적인 공간에서 닦아온 기술들을 공개적으로 선보인 것이라고 이해했다. 궁전에서도 황제는 연기를 했던 것이다. 여기서도 궁정 신하들과 황실 가족으로 구성된 소규모 관객들은 연주의 흐름을 읽으며 언제 박수를 치고, 언제 말을 하고, 언제 침묵을 지켜야 할지를 알아차리고자 애를 썼다.

『연대기』에서 가장 인상적인 장면 중 하나는 얼핏 단란해

보이는 가족의 모습으로, 황실 가족이 함께 만찬을 즐기고 있는 장면으로 시작된다. 참석자들 중에는 어린 옥타비아와 (클라우디우스 황제의 마지막 남은 아들로서 네로의 제위를 가장 심각하게 위협하는 존재였던) 남동생 브리타니쿠스, 그리고 네로의 어머니 아그리피나가 있었다. 식사 도중에 브리타니쿠스가 쓰러졌다. 말 한 마디 못하고 바닥에 쓰러진 그는 필사적으로 숨을 몰아쉬고 있다. (적어도 타키투스의 서술에 따르면) 이는 살인이었다. 브리타니쿠스의 시종이 미리 맛을 확인했던 뜨거운 술을 물로 식혔는데, 그 물에 이미 치명적인 독이 들어 있었던 것이다. 어린 황자가 숨을 거두자, 네로는 별다른 일이 일어나지 않는지 관찰했다. 브리타니쿠스는 간질병을 앓고 있었고, 곧 회복할 터였다. 그러나 발작이 재발한 것이 아니라 실제로 죽었음이 분명해지자, 황실 예법에 익숙하지 않은 사람들은 서둘러 자리를 떠났다. 다만 그런 상황에 익숙한 사람들은 자리에 머물러 있었다. 타키투스의 서술에 따르면, 브리타니쿠스와 우애가 깊었던 누이 옥타비아는 미동도 하지 않았다고 한다. "옥타비아는 젊고 미숙함에도 불구하고, 슬픔과 애정을 비롯한 모든 감정을 감출 줄 알았다." 모두가 네로를 주시했고, 그가 주도하는 대로 따랐다. "그리고 이 짧은 침묵 후에 즐거운 식사 분위기는 다시 회복되었다."

네로의 궁정은 위험한 세계였다. 그곳에서는 순진한 옥타비아처럼 말없이 지켜만 보는 사람들조차도 서로 짜고 속마음을 위장했다. 브리타니쿠스가 숨을 거두고 4년이 지난 59년 3월, 네로는 지금의 나폴리 근교 캄파니아 해안에 위치한 바이아이에서 함께 휴가를 보내자고 어머니를 초대했다. (타키투스에 따르면) 아그리피나는 이 초대를 즐거운 마음으로 받아들였다. 네로는 특별한 배려와 다정한 태도로 만찬을 함께한 후에 떠나갈 어머니를 위해 호화롭게 치장한 새 배를 준비시켰다. 별이 밝게 빛나는 밤, 해안에서 멀지 않은 곳에서 비극이 일어났다. 모든 것이 네로가 계획한 대로 진행되는 듯했다. 배가 침몰했다. 아마도 이 배는 침몰하도록 설계되었던 듯하다. 또다시 살인이 연출되었다. 그러나 아그리피나와 시녀 아케로니아는 옆에 있던 소파 덕분에 압사를 면했다. 그러나 뒤이어 일어난 혼란 속에서 두 사람은 바다로 던져졌다.

아케로니아는 구조되기를 바라는 일념에서 자신이 아그리피나라고 소리질렀다. 그런데 아케로니아의 연기가 너무나 그럴싸했는지 선원들은 배의 갈고리와 노로 그녀를 때려죽이고 말았다. 정작 아그리피나는 침묵을 지켰고, 가벼운 부상만 입은 채 무사히 해변으로 옮겨졌다. 자신을 살해하려는 음모가 아니었나 의심했음에도 불구하고 아그리피나는 즉시 충직한 하인 아게르무스를 네로에게 보내, 자신이 사고에서 간신히 살아남았다고 전하도록 했다. 겁에 질린 황제는 검을 아게르무스의 발밑에 던졌고, 자신이 암살을 겨우 면했다고 주장했다. 황제는 아그리피나가 분명히 자신을 살해하려는 의도를 가지고 있었다고 주장하면서 그녀를 살해하기 위해 군대를 보냈다. 궁정 사람들은 이 소식에 어떻게 반응해야 할지 몰랐다. 일부는 황제의 행운을 축하했다. 그러나 네로 자신은 눈물을 흘리면서 어머니의 죽음을 슬퍼했다.

타키투스의 『연대기』에서 네로 황제는 권력을 휘둘러 자신의 세계를 치명적으로 바꿔버린다. 네로 치하의 로마는 암울하고 위험한 곳이었다. 겉으로 보이는 것과 실상이 너무도 달랐고, 관계자들은 황제의 변덕을 예측해보려고 노력할 뿐이었다. 누군가는 뻔히 알면서, 누군가는 우연히, 누군가는 본의 아니게 위선과 기만의 덫에 걸려드는 것을 피할 수 없었다. 정치의 세계란 연극 무대이며, 대본을 쓰는 것은 (만약 있다면) 극소수의 인간이고 나머지 사람들은 그것을 연기한다고 보는 타키투스의 관점은 매혹적이다. 이런 관점은 냉소적인 비평가들이나 열렬한 공화주의자들에게 독재 정치의 패악을 경고한다. 『연대기』는 권력자들을 타락시킬 뿐만 아니라 통치 과정 자체를 해치는 황제 정치의 본질을 끊임없이 폭로한다. 거기에서 영웅은 존재할 수 없다. 세네카(네로 황제가 자문하는 최측근이며 앞에서 언급한 『관용에 대하여』의 저자)는 자택 욕실에서 자살함으로써 무리한 체제의 요구로부터 벗어나려 했는데, 이는 본질적으로 무기력하고 무모한 행위로 묘사된다. 타키투스에게 세네카의 이러한 의미 없는 죽음은 실로 우스꽝스러운 장면이다. 숨을 거두기 직전에 이 박식한 사람은 비서들에게 자기 생각을 계속 받아 적게 했는데, 타키투스는 세네카가 자신을 얼마나 과대평가하고 있는지를 가차없이 폭로한다.

세네카는 이미 늙은데다 소박한 식습관으로 몸이 수척해져서 피를 천천히 흘릴 수밖에 없었다. 그래서 다리와 무릎 뒤의 동맥까지 끊었다. …… 이 마지막 순간에도 세네카의 달변은 여전했고, 비서들을 불러 그 대부분을 받아 적게 했다.

그러나 독재 정치의 피할 수 없는 공포에 대한 타키투스의 매혹적이고 도덕적인 해설에 완전히 몰입하는 것은 경계해야 한다. 타키투스는 격조 있는 문장으로 (19세기의 가장 뛰어난 소설가들처럼) 이따금 독자들을 속인다. 반박의 여지가 없는 사실이라고 묘사되는 행동이나 동기들을 타키투스 역시 전혀 알 수 없었다는 사실을 독자들은 놓치기 쉬운 것이다. 네로나 옥타비아, 아그리피나가 정말로 자신들의 감정을 숨기고 있었다면, 어떻게 타키투스나 그의 정보원들이 그들의 진의를 알 수 있었겠는가? 오히려 제국 역사에 대한 타키투스의 묘사에서는 모든 것이 교묘하게 꾸며졌다고 생각할 수 있다. 모든 것이 주의 깊게 미리 정해졌을 뿐 아니라 솜씨 좋게 연출되었다. 군중의 진심 어린 갈채도 필요 없고, 귀족이나 인민, 속주 사람들이 등장할 여지도 없다. 브리타니쿠스가 간질 발작 때문에 죽었는지, 아그리피나가 실제로 아주 기이한 선박 사고에 연루되었는지를 궁금해할 여지도 없다. 이런 사건들이 일어난 지 60년 후에, 타키투스는 저술을 시작했다. 아그리피나를 살해하려던 시도(만약 진정 그러했다면)에 관한 중요한 세부 사항들을 어떻게 수집하고 조사하고 확인할 수 있었을까? 우리는 타키투스가 사실과 허구를 확실하게 판별해냈다고 어떻게 확신할 수 있을까?

물론 네로에 대한 다른 견해들도 타키투스의 견해만큼 설득력이 있기도 하고, 믿기 어렵기도 하고, 결국 알 수 없기도 하다. 그러나 황제의 평판에 대한 다른 의견을 찾을 수 있을지도 모른다. 우선 로마 황제들에 관한 타키투스의 빈틈없이 아귀가 맞는 서술이나 수에토니우스가 황제들의 전기에서 제시한 도덕적 본보기의 매력에 의문을 던져야 한다. 수에토니우스와 타키투스의 주장은 모두 황제 권력을 어떻게 인식해야 하느냐를 둘러싼 논란의 일부일 뿐이다(수에토니우스는 로마 엘리트층의 가식과 편견이 얼마나 중요한가를 항상 열정적으로 주장했다. 타키투스가 보기에 권력은 필연적으로 타락하는 경향이 있었다). 단지 그들의 주장이 때로는 현대인의 감수성에 더 와닿는다고 해서 그들의 기록이 더 정확하다거나 믿을 만하다고 볼 수는 없다. 타키투스와 수에토니우스는 독자들이 민감하게 의식해야만 하는 나름의 교묘한 의도를 갖고 있었다.

우리는 대신에 서로 부딪치고 보완되고 중복되기도 하는 로마 황제들에 대한 다양한 시각들을 함께 고려해볼 수 있을 것이다. 호화로운 행렬, 값비싼 조각품, 거창한 연설, 강한 인상을 주는 비문들을 타키투스와 수에토니우스의 냉정한 역사서들 옆에 놓아야만 한다. 그렇게 해도 '진짜 네로'나 다른 황제들에게 조금도 가까이 다가서지 못할지도 모른다(결국, 이것은 어떤 설명이 다른 설명보다 더 그럴듯한지를 판단하려는 것이 아니다). 하지만 우리는 로마 세계에서 황제 권력이 이해되고 표현되었던 다양한 방식들을 좀더 잘 인식하게 될 것이다.

1세기 중반 아프로디시아스에서 황제 숭배를 위한 신전의 전면에 서 있는 두 동의 포르티코를 장식할 임무를 맡은 사람들은 네로를 기리는 2개의 대리석 패널을 주문했다. 다른 로마 황제들의 경우처럼, 네로 황제를 묘사한 작품도 그리스 신화의 영웅과 올림포스 신들을 포함하는 포괄적인 구성의 일부를 이루고 있었다. 2개의 패널 가운데 하나에는 정복당한 아르메니아를 의인화한 모습인 지쳐 있는 여성 위에 네로 황제가 자랑스러워하며 알몸으로 의기양양하게 서 있다.

6. 네로 황제와 어머니 아그리피나. 아프로디시아스에서 출토된 부조.

다른 패널에는 완전 군장으로 창과 아마도 황위의 상징인 보주(orb) 같은 것을 들고 있었을 네로에게 왼손에 풍요의 뿔(cornucopia: 포도와 석류로 넘쳐나는 뿔)을 든 어머니 아그리피나가 월계관을 씌워주고 있다. 막강한 신과 같은 황제를 아주 매력적으로 묘사했다. 이 두 작품은 로마 제국의 지속적인 권력과 번영을 노골적으로 찬미한다. 황제 권력의 이미지인 이 두 작품을 간단히 묵살해서는 안 된다. 비록 타키투스 같은 역사가가 이를 힐끗 보고는 입을 삐죽이며 빈정거리는 웃음을 지을지언정.

제 3 장

공모

로마 제국 지배하기

집정관 직 임명에 감사를 표하는 미묘하고 복잡한 연설을 한 지 10년이 지난 2세기 초에 소(小)플리니우스는 트라야누스 황제에 의해 흑해 남부 연안의 속주 비티니아-폰투스에 총독으로 파견되었다. 플리니우스가 황제와 주고받은 서한들은 로마 고위 관리의 활동상에 관해 비할 데 없는 정보를 제공한다. 로마로 보낸 서한에서 플리니우스는 자신이 열의를 가지고 황제의 지시를 수행하고 있음을 선전했다. 2년의 임기 동안 플리니우스는 61차례에 걸쳐 트라야누스 황제에게 다양한 문제들에 관한 서한을 보냈는데, 그중 39편의 서한에서는 황제의 결재가 요구되는 문제를 보고했다. 예를 들면, 아파미아 시의 회계감사에 대해서 플리니우스는 시민들이 자발적으로 자료를 제출했음에도 불구하고 황제의 지시를 받을 때까지 검토하지 않았다(아파미아 시의 경우에는 이전 황제들이 총독에 의한 회계감사를 면제해준 사실을 감안하면, 플리니우스가 주저한 데에도 응당한 사유가 있었던 것이다). 플리니우스는 모든 새로운 건설 공사에 관해서도 트라야누스의 승인을 요청했다. 왜냐하면 이전 10년 동안 진행된 건설 공사들이 도시의 과도한 지출을 유발했기 때문이다. 플리니우스는 니코메디아에서 2개의 수도교가 완성되지 못했고, 니케아에서는 반쯤 지어진 극장이 지반침하로 내려앉고 있고, 클라우디오폴리스에서 계획하고 있는 새로운 욕장의 건설은 과한 욕심이라고 보고했다. 그리고 니코메디아 시에는 수로를, 시노페 시에는 수도교를, 프루사 시에는 새로운 욕장을 건설하고, 아마스트리스 시에서는 악취가 심한 하수도에 복개 공사를 해야 한다고 제안했다.

한편 비티니아-폰투스에서 플리니우스가 총독으로서 한 활동은 분명 필요한 것이었겠지만 (사실 서간집으로 공표할 만한 가치는 거의 없을 만큼) 지극히 평범해 보인다. 플리니우스가 시의 세출 기록을 감사해야 한다고 주장하거나, 모든 건축 공사에 대해 트라야누스의 승인을 요청하고, 황제가 내린 결정의 애매모호한 점을 확인하려 했다는 사실은 틀림없이 임무를 부지런히 수행했다는 증거였다. 마찬가지로, 번성하고 있는 속주의 총독이 도시들의 재정 상황에 관심을 가지는 것 역시 지극히 당연하다고 여겨질 것이다. 현대인의 정서로는 2년 동안 황제에게 보낸 39차례의 질의 때문에 (더 많은 양의 서한에서 추려진 것들만 공표되었다고 하더라도) 총독 임무를 수행하는 플리니우스가 눈에 띄게 간섭하는 경향이 있었다고 여겨지지는 않는다. 그러나 당대인들에게 이처럼 상세한 조사는 주목할 만한 일이었다. 왜냐하면 플리니우스의 행동은 로마의 제국 행정으로 상정되는 기준을 넘어선 것이었기 때문이다.

플리니우스는 일반적인 사례가 아니라 예외였다. 대개 로마 총독들은 상황을 앞서서 주도하기보다는 일이 일어난 후에 반응했다. 총독은 속주 도시의 내정에 개입하지 않았다. 청원이나 사법적인 문제가 제기되면, 많은 경우 지역의 담당 관리에게 넘기는 정도였지만, 가끔은 결정을 내려주기도 했다. 총독들은 간청을 받거나 불가피하게 나서야 할 경우에만 사태나 분쟁에 대응했다. 총독은 직접 앞장서 행동하는 조사관이 아니라, 현지인들이 호소할 수 있는 정부 당국이었다. 속주 총독의 제한된 소임은 하급 관리들의 규모가 작았다는 사실에도 반영되었다. 플리니우스가 비티니아-폰투스에서 임무를 수행할 때 동원했던 숙련된 관리는 100명쯤 되었다고 보면 된다. 반란이나 침략을 받을 가능성 때문에 좀더 강도 높은 경계 태세가 요구되어 군단이 주둔하고 있던 변경 속주에는 더 많은 인원들이 필요했다. 2세기에 3개 군단이 주둔하고 있던 브리타니아의 총독은 450명에 달하는 관리들의 보좌를 받았다. 이들은 대부분 제대한 군인들이었다. 플리니우스처럼 로마 속주의 행정을 맡은 자들은 제국 전역을 통틀어 1만 명 정도의 관리를 부하로 두고 있었다.

이는 매우 적은 숫자였다. 다양한 정책과 프로그램으로 철저하게 규제하는 현대 국가에 익숙한 사람들에게는 특히 적은 규모로 여겨질 것이다. 그 규모를 대략 가늠해볼 수 있게 예를 들자면, 현재 영국의 인구는 로마 제국의 인구와 거의 같지만 영국의 공무원은 50만 명 정도에 달한다. 물론 로마 정부는 대중교육, 주택공급, 보건위생, 사회보장 등의 서비스를 제공하려는 시도는 전혀 하지 않았다(그것이 필요하다거나 가치 있다고 보지도 않았다). 이런 점을 감안하더라도, 행정의 비용 대 효과 면에서 보면 로마는 매우 경제적으로 지중해 세계를 지배했고, 로마 제국이 과도하게 통제되었다고는 말할 수 없을 것이다.

소도시 사회

속주의 많은 도시들은 이런 최소한의 통제 상태를 유지하고 싶어했다. 플리니우스가 총독으로 부임하기 10년 전, 비티니아-폰투스의 중간급 도시인 프루사의 상층 시민 한 명은 동료 시민들에게 그처럼 장점이 많은 상태를 위협할 만한 일은 절대 하지 말라고 호소했다. 뛰어난 변론가이자 철학자였던 디오 코케이아누스—그를 찬미하는 후대인들에게는 디오 크리소스톰, 즉 '황금의 입을 가진 디오'라고 알려진—의 현존하는 변론문 80편에는 도시의 민회에서 공표된 것도 몇 편 포함되어 있다. 프루사는 (플리니우스가 그 도시에 욕장 건설을 제안한 데 알 수 있듯이) 지중해 전역에 흩어져 있는 수백 개의 다른 도시들과 비슷한, 특별할 것 없는 곳이었다. 비티니아에서 가장 높은 올림포스 산 아래 넓은 계단 모양의 지형에 보기 좋게 자리잡은 프루사의 번영은 풍요로운 삼림에서 채벌된 목재의 수출과, 넓게 펼쳐진 비옥한 평야의 농업, 그리고 온천에 의한 관광업을 기반으로 하고 있었다.

프루사와 그 주변 지역 주민들의 의사결정 기관은 민회와 참사회였다. 민회는 최소한의 재산 자격을 갖춘 모든 성인 남성 시민들에게 열려 있었다. 한편 참사회의 참가 자격은 훨씬 더 제한적이었는데, 도시의 상급 관직을 역임한 바 있는 부유한 시민들로 한정되었다. 그 수는 200~300명 정도였을 것이다. 이들은 프루사의 지주 계층으로 수입의 대부분을 지대에서 얻는 자산가들이었다. 이들 부유한 남성과 그 가족들이 프루사 시의 '명사'들이었다. 이들은 자신들의 높은 지위가 사회적으로 인정받고 아울러 널리 존경받기를 바랐다. 이들은 속물적이고, 이기적이고, 자신과 관계없는 일에는 관심이 없는 집단으로, 지위를 두고 치열한 경쟁을 벌이면서 서로를 빈틈없이 경계했다. 그리고 세심하게 계획된 일과(만찬회, 사냥, 행사 개최) 속에 복잡한 사교 매너를 익히면서, 상속과 결혼이라는 이해관계로 단단히 묶여 있는 소수의 특권 집단을 특징짓는 일로 시간을 보냈다.

이러한 도시의 '명사'에 속한 성인 남성들 중에서 매년 시의 관리들이 선출되었다(명목상으로는 민회에 의해 선출되지만 참사회에 의해 미리 선택된 후보자들 중에서 선출되었다). 최상급 공직들은 소수의 유력 가문들이 독점했다. 디오 크리소스톰과 그 아들은 최고위 관직에 올랐다. 도시를 운영하는 자금은 참사회의 감독하에 그 지역의 지대, (관세 같은) 간접세, 그리고 특별 징수를 통해 조달했다. 도시 운영에는 경찰력을 정비하고, 적정 가격으로 유통될 수 있도록 곡물 수급을 감독하고, 하수도를 유지하고, 공공 시설과 도로를 관리하고, 공공 욕장에 연료를 공급하고, 개인의 건축 공사를 규제하고, 도량형을 통제하는 일 등이 포함되었다. 이에 더하여, 참사회에서 가장 부유한 사람들은 사회적으로 우월한 지위를 점하기 위한 끊임없는 경쟁의 일환으로 공적인 행사(종교 의례, 기념 축제, 예술과 스포츠 대회, 검투 경기)에 드는 비용을 충당하고, 고향을 아름답게 꾸미기 위한 대규모 프로젝트를 추진하는 데 필요한 자금을 개인 재산에서 내놓는 부담도 떠안았다.

또한 참사회는 인두세나 재산세로 징수한 세금을 해마다 로마에 납부하고, 필요한 경우(도로 보수 등)에는 노동력을 공급하거나 군대에 신병을 보내는 책임도 맡았다. 제국이 필요로 하는 이러한 수요를 충족시키는 대가로, 프루사 같은 도시들은 내정 업무를 독자적으로 운영할 수 있었다. 디오 크리소스톰이 볼 때, 소도시 사회의 지속적인 활력의 근거는 바로 이렇게 제국의 간섭에서 벗어나는 것이었다. 부유한 계층의 우월한 지위를 뒷받침하고, 그들의 도시 행정 지배를 정당화해주는 것도 바로 제국의 존재(그리고 도시가 정치적으로 불안정해지면 제국측에서 보복할 거라는 위협)였다.

이러한 것들이 지역의 엘리트층이 포기하기를 주저했던 중요한 이점들이었다. 70년대에 프루사에서 식량 가격의 상승에 분노한 군중은 크리소스톰에게 곡물 공급을 관장하는 감독관이 되어 개인 자산을 투입하고, 그렇게 함으로써 곡물 시장에 개입하여 모두에게 이익이 되도록 하라고 요구했다. 크리소스톰이 이를 거부하자, 상황은 매우 심각하게 변했다. 성난 군중이 그의 저택에 불을 지르려 했으나 간신히 막았다. 그후 도시 민회의 연설에서 크리소스톰은 자신의 입장을 변호

했다. 그는 자신의 조부가 "아버지와 할아버지에게 물려받은 재산을 아무것도 남지 않을 때까지 아낌없이 기부했다"고 말하면서, 본인과 자기 가문이 대대로 행해온 선행들을 강조했다. 크리소스톰은 그동안 공적 비용 중에서 자신이 감당할 몫 이상을 부담해왔다고 주장했다. 게다가 자신은 프루사에서 가장 부유한 축에 들지도 않는다고 딱 잘라 말했다. 크리소스톰은 개인 재산을 아직 공적인 용도를 위해 내놓은 적이 없는 사람들 중에서 적합한 곡물 감독관을 선출해야 한다고 민회에 제안했다.

여기에는 두 가지 힐책이 담겨 있다. 먼저 시민들은 더이상 폭력으로 이런저런 요구를 들이밀지 말라는 것이고, 참사회 동료들은 프루사의 적절한 운영에 마음을 쏟아야 한다는 것이었다. 재산이 그리 많지 않다거나 조부가 기부로 인해 파산했다는 크리소스톰의 주장을 아마도 모든 사람들이 믿지는 않았을 것이다. 그렇다 하더라도, 이 경우처럼 공공에 봉사하는 정신에서 넉넉히 기부할 수 있는 기회를 두고 도시 엘리트층이 망설이는 태도는 장기적으로 그들 집단에 유리하지 않았다. 이렇게 협력하지 않는 태도는 달가울 리 없는 로마 당국의 개입을 유발할 위험성이 있었다. 크리소스톰은 노골적인 비유를 통해 그 점을 강조했다.

도시에서 일어나는 일들 중에 속주 총독들의 눈길을 벗어나는 것은 없다. 그와는 반대로, 마치 집에서 버릇없게 구는 아이를 가족들이 교사들에게 고하는 것과 마찬가지로, 민회의 잘못된 행동은 총독들에게 보고된다.

크리소스톰과 같은 이기적인 태도는 다른 사료에서도 거듭 확인할 수 있다. 2세기 중반, 또 한 사람의 유명한 그리스인 변론가 아일리오스 아리스티데스는 로마를 열광적으로 칭송하는 연설을 남겼다. 이러한 연설은 분명히 스미르나(오늘날 터키 에게 해 연안의 도시 이즈미르)의 지방 정치에서 경험한 것에 바탕을 두고 있었다. 아리스티데스에게 로마 제국이 특별한 이유는 반갑게도 제국이 지방 공동체의 일상에 개입하는 데 별 관심을 두지 않기 때문이었다. 제국의 관료들은 수적으로 매우 적었을 뿐만 아니라, 변경에서 멀리 떨어진 지역에서는 주둔하는 병력도 소규모였다. 소아시아처럼 제국에서 가장 평화로운 지역의 경우, 주둔 병력의 수가 500명을 넘지 않았다. 물론 유사시에는 대규모 병력이 신속하게 소집될 수 있었다. 하지만 중요한 것은, 로마의 지배 체제에서는 지중해 지역의 여러 도시에 군대를 상주시키지 않았다는 사실이다. 아리스티데스는 이러한 시스템의 이점에 대해 아낌없는 찬사를 보냈다. 그가 보기에 제국에 가장 어울리는 표현은 '독립 도시들의 연방'이었다. 결국 도시의 자치권이 로마의 행정과 군대의 부담을 상당히 덜어주었다. "도시들의 전략 거점마다 군대를 주둔시킬 필요가 없다. 왜냐하면 각 거점마다 최상층의 유력자들이 당신들(로마)을 위해 자기 도시를 지켜주기 때문이다."

로마 제국의 성공 열쇠는 지방 엘리트층에 있었다. 정복 초기의 정신적 충격을 견뎌내고, 조직적인 저항은 가망이 없다고 단념해버린 사람들은 지배 권력과 적절한 관계를 유지함으로써 분명 이득을 챙겼다. 실제로, 많은 속주민들은 무엇보다 자신의 지역에서 기존 과두지배자 그룹이 경쟁자 없이 통제권을 행사할 수 있는 자격을 강화한 것에서 로마의 지배를 실감했다. 프루사와 스미르나 같은 도시에서는 소수의 부유한 가문들이 제국측의 분명한 동의에 기초해서 도시의 운영을 독점하고 있었다. 크리소스톰이 강조했듯이, 도시의 내부 분쟁으로 인한 공공질서의 붕괴를 방치해 그러한 지위를 위태롭게 할 수는 없었다. 마찬가지로, 서부 속주에서도 로마 정부의 효율성은 지방 유력자들과의 긴밀한 관계 유지에 달려 있었다. 히스파니아, 갈리아, 브리타니아에서 서로의 세력을 약화시키며 빈발했던 부족간의 전쟁과 계속되는 분쟁들로 인해 안 그래도 불안정한 지도자들의 지위가 흔들렸으나, 이런 시절은 로마 제국의 지배로 끝났다. 로마의 통치를 지지한 부족의 지도자들은 자기 지역에서 차지하고 있는 (속주 총독 다음으로) 가장 유력한 지위가 제국 권력과 긴밀하게 연결됨으로써 더욱 강화된다는 사실을 깨달았다. 이제 이들은 로마가 정복하기 이전에 소유했던 것보다 더 안정된 권력과 부를 가지게 되었다.

지중해 세계의 도시들에서 로마의 지배는 지방 엘리트들을 강화하고 그들의 입지와 권위를 보장해주었다. 심지어 제국의 요구 중에서 가장 부담이 되었던 연공 납부조차도 이점이 될 수 있었다. 도시 참사회 멤버들은 세금 징수에 수반되는 재정적 위험을 떠맡아야 했지만, 동시에 납부의 부담을 다른 데 전가하기에도 가장 좋은 위치에 있었다. 가장 유리한 방법은 서로 짜고 자신들의 재산은 낮게 평가하고, 다른 사람들의 세금은 일찍 거두고, 본인들의 세금은 나중에 납부하는 것이었다. 지방의 명망가들에게 제국 정부의 압력은 잠재적인 이익의 원천인 동시에 자신들이 보유한 지역 권력의 기반이 되었던 것이다. 제국의 요구를 앞세우기만 해도 소규모 자작농들로부터 얼마 안 되는 잉여재산을 당당하게, 때로는 폭력적인 방법으로 착취할 수 있었다. 소농은 소작인 혹은 납세자로서 부유한 자들의 대농장에 이중으로 묶여 있었다.

지방 도시를 지배하고, 평화 유지와 세수 확보를 책임지고 있던 지방 유력자들의 우월한 지위는 로마 시민권의 부여로 더욱 강화되었다. 로마 시민권은 통례적으로 지방 도시의 고위 관직을 역임한 자들의 가족과 직계 후손들에게 부여되었다. 로마 군단의 보조군 병사들도 25년의 군복무를 마치고 전역할 때 시민권을 정식으로 받았다. 크리소스톰의 경우, 어머니와 아버지가 모두 로마 시민이었다는 사실은 그가 프루사에서 영향력 있는 명사로 자처할 수 있는 명분 가운데 하나였다. 이러한 인물들에게 로마 시민권은 실질적인 이득을 가져다주었다. 그들은 로마법의 보호를 받을 수 있었고, 매우 부유하고 야망 있는 자들은 제국 정부나 군대의 고위직에 오를 수 있었다.

또한 시민권을 획득할 수 있다는 전망은 모자이크상으로 제국을 이루고 있는 도시의 지배 엘리트층이 지역에 대한 충성심을 제국에 대한 충성심으로 승화시키도록 하는 데 도움이 되었다. 168~169년에 마르쿠스 아우렐리우스 황제와 루키우스 베루스 황제는 모로코의 아틀라스 산맥 고지대에 사는 제그렌세스족 지도자의 한 사람인 율리아누스의 가족에게 시민권을 부여했다. (9년 후에 자신의 가족들도 시민권을 갖게 한) 율리아누스의 장남은 로마와의 특권적인 관계를 누리는 제국 레벨의 엘리트층에 속한다는 자신의 지위를 과시하기 위해서 두 차례에 걸친 황제의 시민권 하사를 청동판에 새긴 라틴어 비문을 통해 영구히 기억하도록 했다. 이러한 성공을 모방하고 싶어하는 사람들에게(황제는 열심히 다른 이들도 그렇게 하도록 유도했다) 비문의 메시지는 분명했다. 율리아누스와 그 아내, 그리고 네 명의 자녀들은 시민이 되었다. "그는 매우 충성스럽게 우리 편에 자진해서 복종했기 때문이다." 여기서 '우리 편'이란 로마 제국을 뜻하며, 율리아누스를 아는 사람들은 누구나 의심할 여지 없이 그 의미를 잘 이해했을 것이다.

로마 시민권을 가진 자는 서로의 이해관계가 하나로 수렴되고 지중해 전체를 포괄하는 통일된 공동체의 정식 구성원임을 주장할 수 있었다. 로마 제국은 고대의 다른, 그리고 다수의 현대 국가들보다 훨씬 더 관대하게 시민권을 부여했다. 예를 들면, 기원전 5세기 민주정 아테네에서는 부모가 모두 시민권을 가지고 있어야만 시민임을 주장할 수 있었다. 이렇게 비교적 관대하게 지방의 명사들을 시민으로 포용한 것이 아리스티데스가 특별히 찬사를 보낸 로마 지배의 중요한 면모였다. "무엇보다 주목을 받고 경탄을 자아내는 것이 바로 그 점입니다. 여러분의 시민권과, 시민권이 지닌 웅대한 구상 말입니다. 왜냐하면 이것은 다른 어떤 데서도 찾아볼 수 없기 때문입니다." 시민권의 혜택을 누리는 소수의 부유한 집단에 속하는 구성원으로서 아리스티데스가 보내는 찬사는 쉽게 이해할 수 있다. 여기서 중요한 것은, 그의 열정이 로마의 지배 요소들 가운데 변함없는 특징 하나를 포착해낸 점이다. 지중해 세계 도처에서 정복된 속주의 엘리트층은 빠르고 성공적으로 제국의 지배 계층으로 탈바꿈했던 것이다. 이제 정복한 자와 마찬가지로 정복당한 자도 자신을 로마인이라고 말할 수 있었다.

기념에 대한 열망

속주에서 안정과 번영을 가장 눈에 띄게 기념하는 방법은 개인 비용으로 기념비적인 건물을 세우는 대규모 프로그램이었다. 어느 도시든, 현지의 유력자들은 지역사회에서 차지하고 있는 자신의 우월한 지위와 제국 엘리트층의 일원임을 구체적으로 과시하려고 경쟁적으로 기념물의 건립에 나섰다. 현대의 방문객들에게 특히 깊은 인상을 남기는 포르티코, 도서관, 신전, 개선문, 욕장, 극장 등의 기념 건조물 대다수는 현지 유력자들이 자기 잇속을 챙기려는 속셈에서 공공 기부에 열을 올린 결과물이자, 자신들의 도시가 제국의 완전한 일부임을 보여주고 싶은 부유한 자들의 때론 사치스러운 욕망이 낳은 결과물이었다. 지금은 대부분 질 좋은 대리석의 외장이 벗겨지고, 화려하게 채색되었던 장식은 아예 색이 바랜 채 비바람에 상한 건물의 뼈대만이 예전의 영광을 보여주고 있을 뿐이다.

2세기 중반에 루키우스 코시니우스 프리무라는 쿠이쿨(오늘날 알제리의 제밀라)의 한 명사가 새로운 시장 건물을 화려하게 건설하는 데 자금을 후원했다. 직사각형 포르티코(24×22미터)가 광장을 감싸고 있고, 광장 중앙에는 열주를 갖춘 지름 5미터의 6각형 파빌리온이 서 있다. 포르티코의 상단부에 새겨진 비문에는 코시니우스의 기부 내용이 자세하게 기록되어 있다. "코시니우스는 비용을 지불하고, 동생 가이우스에게 기둥, 조각상…… 그리고 파빌리온으로 이루어진 시장의 건설을 감독하라고 지시했다."

이 건물은 디자인을 일부러 모방했다는 사실도 중요하다. 코시니우스의 새로운 시장 건물은 로마의 대시장을 작은 규모로 복제한 것이었다. 로마의 대시장은 59년에 완공되었고, 로마 시 대부분을 파괴한 64년의 화재 이후 황제에 의해 다시 건설되었다. 대시장은 2층의 포르티코로 둘러싸인 노천 대광장으로 이루어졌고, 중앙에는 웅장한 원형 파빌리온이 서 있었다. 이러한 디자인은 제국 전역에서 모방되었다. 로마 시의 대시장을 본뜬 시장의 건설은 수도의 유행과 긴밀한 관계가 있다는 증거였다. 멀리 떨어진 속주의 한 도시에서 찾아볼 수 있는 이러한 모방은 제국의 수도에서 등장해 국제적으로 채용된 양식에 정통함을 과시하는 것이었다.

로마 시의 대시장은 훨씬 더 오래된 (아마도 64년에 역시 화

7. 렙티스 마그나의 시장.

재로 소실된) 시장 건물을 압도하기 위해서 지어졌다. 원래 기원전 2세기 초에 집정관이자 유능한 장군이었던 마르쿠스 풀비우스 노빌리오르(Marcus Fulvius Nobilior)가 건조를 지휘했는데, 중앙에 파빌리온이 있고 포르티코로 둘러싸인 직사각형 건물로 나중에 시장 디자인의 표준이 되었다. 이러한 원형을 본뜬 시장 건물이 (지금의 리비아 해안에 위치한) 렙티스 마그나라는 도시에서도 세워졌다. 포르티코로 둘러싸인 광장 중앙에는 두 동의 원형 파빌리온이 있었는데, 질 좋은 회색 석회암으로 지어진 각 파빌리온은 팔각형 포르티코로 둘러싸여 있었다. 기원전 8년, 이 건물의 완공을 기념하는 헌정 비문은 기부자인 안노발 타파피우스 루푸스와 당시의 황제 아우구스투스를 함께 기리고 있다.

루푸스는 렙티스 마그나에 웅장한 극장을 신축하는 데 자금을 후원하기도 했다. 활 모양을 한 지름 95미터의 객석은 자연 경사면이나, 흙과 돌무더기로 빈틈없이 채워 다진 토대, 혹은 표면을 돌로 붙인 콘크리트제 궁륭 구조로 떠받쳐지고 있었다. 인상적인 건조물이었다. 루푸스는 눈에 잘 띄는 곳에 여러 개의 비문을 새겨 자신의 자선 행위를 과시했다. 그중 2개의 비문은 객석에서 잘 보이는, 무대로 통하는 주요 출입구 위에 단단히 고정되었다. 비문의 텍스트는 라틴어와 현지의 포에니어로 쓰였다. 라틴어는 로마라는 넓은 세계와 루푸스

8. 안노발 타파피우스 루푸스를 기리는 비문. 렙티스 마그나의 극장.

의 관계를 강조했고, 포에니어는 라틴어를 모르는 사람들에게도 루푸스의 선행을 알려서 그를 칭송할 수 있게 했는데, 내용인즉 "고향을 아름답게 꾸미고, 화합을 사랑하는 자"라는 것이었다.

이 지역의 다른 엘리트들도 이 극장에서 자신들의 존재감을 과시할 수 있었다. 건설 후 150년 동안 렙티스 마그나의 부유층은 훨씬 더 호화롭게 확장 공사를 추진함으로써 루푸스를 뛰어넘으려는 경쟁을 벌였다. 일반용과 도시 참사회 멤버들의 좌석을 구분하는 난간 벽의 설치로 객석 공간이 개선되었고, 객석 맨 윗줄 중앙에 작은 제단이 세워졌으며, 무대 뒤편에 신들과 황제 가문 사람들을 형상화한 100여 개의 조각상으로 장식된 3층 구조의 대리석제 배경 벽면이 설치되었다.

이와 같은 기부와 그 과시 행위는 도처에서 반복되었다. 렙티스 마그나에서 지중해 절반만큼이나 떨어진 아파미아(시리아 서부의 도시)에서는 115년 대지진이 일어난 후에 루키우스 율리우스 아그리파라는 사람이 시에 기부를 했다고 자랑했다. 그는 거창한 목욕 시설과, 음악회나 변론 경연을 열 수 있는 대규모 홀을 건설했다. 아그리파는 자신이 참사회에서 역임했던 다양한 관직과 몇 차례의 기부에 대해 길게 나열한 비문에 자신의 선행을 자세히 기록했다. "또한 아그리파는 욕장을 건설했고, 그 앞의 대로에 포르티코를, 그리고 그 옆에 홀을 건설했다. 그는 또 사비로 구입한 토지를 모두 기증했다." 아그리파는 욕장에 진열하기 위해 제작을 주문한 청동상들도 상세히 열거했다. 그중 한 쌍은 테세우스와 미노타우로스였고, 다른 한 쌍은 아폴론과 마르시아스였다. 마르시아스는 음악 경연에서 무모하게도 아폴론 신에게 도전했다가 패해서 산 채로 껍질이 벗겨진 사티로스로 알려져 있다. 이 조합에서 아그리파는 욕장 옆에 있는 홀에서 큰 포부를 안고 경연에 임하는 공연자들의 야망을 멋지게 표현한 것인지도 모른다.

아그리파가 기증한 청동상들은 시민에 의한 기부와 그 과시가 건축물에 국한되지 않았음을 상기시켜준다. 아그리파는 시민들에게 곡물과 고급 올리브유를 배급하는 데 자금을 지원하기도 했다. (제2장에서 보았듯이) 에페소스에서 살루타리스는 아르테미스 여신과 트라야누스 황제를 기리는 장대한 기념 행렬에 자금을 지원했다. 다른 기부자들도 고향의 훌륭한 문화 수준을 선전하려 했다. 120년대 중반에 오늘날 터키 남서부의 오이노안다라는 평범한 도시에 살았던 부유한 시민 가이우스 율리우스 데모스테네스가 4년마다 열리는 문화제를 위해 기부를 하겠다고 제안했다. 3주 동안 열리는 이 문화제는 시, 희비극, 수금 반주에 맞춘 성악, 변론의 경연으로 짜였다. 데모스테네스의 기부와 '데모스테네이아'라는 이름이 붙게 되는 이 축제의 전말을 기록한 비문에는 하드리아누스 황제가 이 축제를 승인했고, 도시 참사회로부터 열렬한 찬사를 받았다는 사실이 꼼꼼히 기록되어 있다.

참사회는 고향에 대한 데모스테네스의 아낌없는 호의, 명예에 대한 사랑, 누구에게도 뒤지지 않는 관대함, 신의 은총을 받은 황제들에 대한 헌신에 찬사를 보냈고, 그에게 각종 영예를 수여했다. 참사회는 또 이 축제가 어느 면으로 보나 돋보이게 장식되어야 하고, 아울러 축제를 승인한 황제 폐하에게 헌신해야 한다고 선언했다.

이처럼 화려한 비문은 미화된 조각상과 잘 맞아떨어졌다. 도시마다 공공 장소에 설치된 지역 명사들의 초상은 보는 이들에게 그들의 사회적 우월함에서 나오는 우아함과, 그 우월함이 장래에도 흔들리지 않을 것이라는 깊은 인상을 심어주었다. 알제리의 쿠이쿨에서 시 참사회가 '아낌없는 후원'을 베푼 루키우스를 특별히 칭송하면서 코시니우스 형제를 기리는 조각상을 세우기로 결의했을 때, 시장 정문 양쪽의 조각상 건립 비용을 지불한 사람도 가이우스였다. 시리아의 아파미아에서는 새로운 욕장의 전면을 따라 머리 높이로 고정된 튼튼한 석재 받침대 위에 이 목욕 시설의 건설 비용 전체를 후원한 아그리파의 대리석상이 설치되었다. 지나가는 행인들을 내려다보는 이 조각상들은 한 유력자의 적극적인 후원에 감사를 표한 사람들이 헌정한 것이었다. 그들은 이 유력자를 '창건자, 후원자, 은인'이라고 공개적으로 칭송했다.

제국 도처의 도시에서 존경과 칭찬을 바라는 유력자들의 거창한 주장들은 돌에 새겨져 영구히 남게 되었다. 얼핏 우쭐해하는 자기만족의 사례라는 인상도 주지만, 오히려 유명한 가문들에는 자신들의 우월한 지위를 선전하기 위해 그렇게 했을 것이라고 생각하는 편이 나을 수도 있다. 계속해서 지위를 확인해야만 하는 불안정한 사회였기 때문이다. 거의 파산에 이를 정도로까지 그들을 다그친 이런 기부 행위는 기념물을 통해 영구히 기억되어, 경쟁자나 신참자에게 경쟁의 기준을 제시해주었다.

엘리트층의 성공은 공적인 장뿐 아니라 사적인 공간에서도 칭송되어야만 했다. 지금의 튀니지 스미랏에 있는 상당한 규모의 전원주택에서 출토된 3세기 중반의 멋진 모자이크는 보는 사람들로 하여금 자신들의 사회적 지위를 돌아보게 했다. 이 모자이크에는 멋지게 차려 입은 저택의 주인 마게리우스가 맹수 사냥을 주재하는 모습이 묘사되어 있다. 현대로 말하면 왕족이나 대통령과 만난 일을 사진으로 과시하는 것처럼, 저택을 방문하는 모든 사람들이 볼 수 있도록 원형경기장에서 이루어진 기부의 순간이 거기 담겨 있다. 또한 네 명의 사

9. 튀니지 스미랏에 있는 마게리우스의 전원주택에서 출토된 모자이크. 튀니지 수스
   박물관 소장.

냥꾼들인 마메르티누스, 스피타라, 불라리우스, 힐라리누스가 네 마리의 표범, 즉 크리스피누스, 로마누스, 룩수리우스, 빅토르(이 경우에는 분명 '승리자'가 아니지만)를 제압하고 있다. 중앙에는 젊은 하인이 4개의 불룩한 돈주머니를 얹은 커다란 은쟁반을 들고 있다. 모자이크에 담긴 장문의 텍스트는 관중의 칭찬이다. 이러한 이미지들을 통해서 동료 시민들이 마게리우스의 기부를 그의 재산과 지위를 정당화하는 행위로 인정했음을 보여준다. 또한 마게리우스보다 낮은 지위에 있는 사람들은 자신의 처지를 자각했을 것이며, 그와 동등한 위치에 있는 자들은 공적인 영예를 바라는 자신과 가문의 주장을 가늠해보는 기회를 가졌을 것이다. 분명 마게리우스를 연호하면서 거듭 환호하는 군중의 리드미컬한 함성에 담긴 힘을 모든 사람이 깊이 느꼈을 것이다. 마게리우스의 저택에 있는 그의 업적을 기리는 이 거대한 모자이크는 특별히 허락된 사람들만이 관람할 수 있도록, 공적인 장소에서 받은 귀한 칭송의 순간을 형상화해 소중하게 보존했다. 또한 그것은 사회적 우월함을 확보한 순간을 일생 동안 지속시키려는 시도였다. 환호성은 절정에 달한다. "소유한다는 것은 이런 것이다. 권력이 있다는 것은 이런 것이다!"

충성의 한계

지방 엘리트층의 주된 동기가 로마 제국에 대한 깊은 충성심에 있었는지, 아니면 제국 체제 내에서 자신들의 지위를 향상시키려는 현실주의적인 고려에 따른 것이었는지는 확실히 말하기가 어렵다. 무자비한 정복 활동을 통해 확립된 제국에서는 불평불만이나 저항의 움직임이 보이면 신속하고 단호한 제압이 기다리고 있어서, '충성'이나 '열정' 같은 것은 눈앞의 이익에 대한 계산과 뒤섞이게 마련이기 때문이다. 이런 점을 고려하지 않고 당시 사회상을 논의하는 것은 문제가 있다.

또한 로마 '문명'이 가져다주는 혜택에 대한 매우 포괄적인 주장에도 주의를 기울여야 한다. 역사가 타키투스는 77년에 브리타니아 총독으로 파견되었던 그나이우스 율리우스 아그리콜라(Gnaeus Iulius Agricola)의 전기에서 제국의 진출에 대해 신랄하게 논평했다. 머나먼 이 속주에서 아그리콜라는 도시화를 추진하며 로마풍 가옥과 신전을 지었고, 지역 명사들의 자녀에게 고전 교육을 시켰으며, 야만인들의 바지가 아니라 로마의 정장인 토가를 입도록 장려했다. "이런 것을 전혀 경험해본 적이 없는 브리타니아 사람들은 이것을 문명이라고 일컬었는데, 사실 그것은 그들이 노예화되는 일면을 나타내는 것에 불과했다"고 타키투스는 적었다.

속주 주민들 대부분은 이런 냉혹한 분석에 저항했을 것이다. 그들이 제국에서 경험하는 것은 훨씬 더 복잡해서, 로마의 지배 강화에 기회주의적으로 편승하거나 정복자에게 탄압을 받는 것 중에서 하나를 선택하는 것이 아니었다. 3세기 초에 하드루메툼(Hadrumetum: 오늘날 튀니지 연안의 도시 수스)의 어느 부유한 주민은 본인의 집을 장식하려고 일련의 멋진 모자이크 작품을 의뢰했다. 그 가운데 하나는 손으로 두루마리를 펼친 채 앉아 있는 시인 베르길리우스를 묘사했다. 거기에서는 『아이네이스』의 시작 부분을 분명하게 읽을 수 있다. 베르길리우스 뒤에는 비극과 서사의 무사 여신들인 멜포메네와 칼리오페가 서 있다. 칼리오페는 두루마리에 적힌 글을 낭독하고 있고, 멜포메네는 비극에 사용하는 가면을 든 채 경청하고 있다. 시인은 사색에 잠긴 얼굴로 받침대에 발을 올리고 앉아 있다.

로마의 가장 위대한 시인을 묘사한 이 모자이크를 우리는 어떻게 이해해야 하는가? 아프리카의 엘리트층이 로마의 제국 이데올로기의 핵심 요소들 중 하나를 전면적으로 흡수했다는 증거로 받아들일 수도 있다. 그러나 다른 가능성도 있다. 수도 로마에서 멀리 떨어진 북아프리카—패배한 카르타고 땅인 북아프리카—에서 아이네아스의 이야기는 다르게 이해되었을 수도 있다. 그곳에서는 모든 사람이 카르타고의 여왕 디도를 버리고 떠난 아이네아스에게 박수를 보내지 않았을지

10. 하드루메툼(지금의 튀니지 수스)에서 출토된 베르길리우스와 무사 여신들의 모자이크. 튀니스 바르도 박물관 소장.

도 모르며, 신이 부여한 과제가 그의 행동을 정당화하는 충분한 이유로 인정되지 않았을지도 모른다. 우리는 하드루메툼에서 베르길리우스 모자이크를 주문한 사람이 "평화를 정착시키고, 법의 지배를 확립하며, 항복한 자들에게는 인정을 베풀고, 오만한 자들은 제압한다"는 로마의 제국 이데올로기와 그 주장을 곧이곧대로 믿고 지지했을 것이라고 넘겨짚지는 말아야 한다. 아마도 만찬 후에 친구들에게 『아이네이스』를 낭송해줄 때, 이 부유한 아프리카인은 승리한 로마의 아이네아스보다 패배한 카르타고의 디도에게 더 공감했다고 상상해볼 수도 있다.

지중해 세계에서 지역의 유력자들이 로마의 관습을 받아들이는 행위는 무기력한 묵인의 표현이라기보다는 지배 권력에 적응하는—그리고 대개는 이익이 되는—불가피한 과정이었다고 할 수 있다. 저항의 표시로 여겨지지 않으면서도 지역들 나름의 전통과 감성을 유지할 수 있는 적응 행위였던 것이다. 베르길리우스 모자이크를 주문한 사람은 틀림없이 하드루메툼의 포룸을 웅장하게 꾸밀 공공 건축 계획을 기꺼이 후원한 사람이기도 했을 것이다. 그리고 비티니아-폰투스의 크리소스톰처럼 시 참사회에서 고위직을 역임했을지도 모른다. 필시 그는 동료들 사이에서 자신을 라틴어 고전에 정통한 사람으로 과시하고 싶어했을 것이다.

북아프리카의 대부분이 한때 카르타고의 지배를 받았다는 사실을 인정하는 편에 섰을 경우에도, 제국의 공통 문화에 대한 그들의 열정이 어떤 면에서든 약해졌다거나 가짜로 꾸며 낸 것이었다고 보지는 말아야 한다. 로마 제국의 통치는 지역과 제국의 이해를 하나로 융합시켜 지배자와 피지배자가 서로 이익을 얻도록 하는 데 기초하고 있었기 때문이다. 그렇긴 해도, 문명화와 노예화는 종이 한 장 차이라는 타키투스의 비아냥에는 예리함이 있다. 만약 무력 지원이 없었더라면, 혹은 그러한 문화의 수용과 과시가 현실에 대한 효과적인 대처법이라고 여기지 않았다면, 비록 제국의 공통 문화가 가져다주는 혜택이 컸다고 하더라도 그토록 빠르고 성공적으로 제국의 통치가 확립되었을지 의문을 품을 만도 하다.

좀처럼 실행되진 않았지만, 속주의 저항이 감지되면 로마는 보복에 나설 것이라는 공포가 제국의 도시들 위에 먹구름처럼 걸려 있었다. 지방 엘리트층이 현지에서 얼마나 교묘하게 도시에서 영향력을 유지하든지 간에 그들의 특권적인 지위는 바로 로마 통치의 매개자 역할을 하려는 지속적인 의지에 달려 있었다. 로마의 보복에 직면한 경우에는 지역에서의 지위, 심지어 로마 시민권조차 거의 소용이 없었다. 후에 황제가 된 갈바가 히스파니아 속주의 총독으로 있던 60년대에, 그는 유죄선고를 받은 독살범을 다른 범죄자들과 함께 십자가

형에 처하도록 명령했다. 그 사형수가 자신은 로마 시민권자라는 이유를 들어 판결에 항의하자, 갈바는 그자의 우월한 지위가 잘 드러나게 그의 십자가를 다른 죄수 것들보다 더 높이 세우고 흰색으로 칠하라고 지시했다.

"당신은 연극배우를 흉내내야 합니다"라고 그리스의 철학자이자 평론가인 플루타르코스(크리소스톰과 동시대인)가 어느 야심찬 지역 정치가 친구에게 조언했다. 당신의 지위가 안전하다고 너무 확신하지 마십시오. 대본에 따라 행동하고, "리듬과 음률에서도 권력을 가진 자들이 허용하는 자유의 범위를 넘어서지 마십시오". 지방 관직을 맡을 때는 기원전 5세기의 위대한 아테네 정치가 페리클레스가 항상 자신에게 했던 말들을 되새기는 편이 현명하다고 플루타르코스는 조언했다. "페리클레스, 신중하라. 너는 자유인들을 통치하고 있다. 그리스인들, 심지어 아테네 시민들을 통치하고 있다." 또한 당신 자신에게 다음과 같이 말해주어야 합니다. "통치하고 있는 당신 역시 통치당하고 있습니다. 당신이 통치하고 있는 도시는 황제의 대리인인 총독의 관할하에 있습니다." 서로가 누리는 이득에는 한계가 있었다. 격려가 강압적인 힘이 될 때는 지방 엘리트층도—자치권이 아무리 존중받고, 힘겹게 확보한 시민권이 아무리 귀중하다고 해도—불가피하게 제국의 일부가 된다. 도시의 성공한 지도자들은 플루타르코스의 예리한 평가에 당연히 동의할 것이다. 당신의 지위에 대해 "너무 큰 자신감이나 확신을 가지지 마십시오." 개인적인 일, 또는 도시를 위한 공무를 수행할 때도 "로마 총독의 장화가 바로 당신 머리 위에 있음을" 항상 기억하십시오.

제 4 장

역사 전쟁

건설과 제국

130년대에 로마 황제 하드리아누스는 아테네를 침공했다. 무혈 전쟁이었다. 황제는 동지중해의 문화 중심지를 공격하면서 정예 군단 병사나 뛰어난 병참 전략이 아니라, 다수의 건설 작업원과 세심한 도시 계획에 의존했다. 하드리아누스는 오랫동안 그리스 문화에 대한 애정을 드러냈다. 그는 전장의 지휘관이 아니라 여행자로서 로마 제국 전역을 순회한 최초의 황제였으며, 동지중해 세계의 고대 역사와 기념물에 한결같이 지적인 관심을 기울인 최초의 황제이기도 했다.

하드리아누스가 아테네에 새로 지은 도서관은 600년 전에 (그 무렵에 로마는 아직 이탈리아 중부만이라도 정복하려고 분투하고 있었다) 민주정 국가였던 아테네의 시민들이 모여 사법 및 행정 업무를 처리하던 도심의 고대 아고라 주변 건물들을 압도했다. 100개의 둥근 기둥으로 이루어진 거대한 포르티코가 안쪽의 광장을 둘러싸고 있었는데, 거기에는 소아시아의 채석장에서 들여온 가느다란 보라색 줄무늬의 화려한 프리기아 대리석이 사용되었다. 내부는 번쩍이는 금박으로 장식된 천장과 진기한 회화나 조각품들로 호화롭게 장식되었고, 반투명한 설화석고(alabaster)가 사용되었다. 이 도서관은 가장 호화롭게 장식된 제국의 건축물이었다. 과장된 장식과 화려함을 과시하며 우뚝 선 하드리아누스의 도서관은 그리스 세계에서 가장 유명한 도시 한가운데에서 로마의 부와 권력을 보란듯이 선언하고 있었다.

또한 아테네에서 하드리아누스는 당시 로마 제국에서 가장 거대한 신전을 완성했다. 이 대신전은 올림포스의 제우스 신에게 바쳐져 올림피에이온이라고 불렸는데, 공사 자체는 이미 기원전 6세기(아테네의 민주정이 발달하기 전)에 시작되었다. 그러나 비용이 많이 들어서 공사가 더디게 진행되다가 하드리아누스보다 100년 앞서 아우구스투스 황제에 의해 건설이 추진되었다. 하드리아누스는 131~132년 아테네를 방문하던 중에 직접 신전의 완공을 기념하면서, 금과 상아로 만든 거대한 제우스 상을 바쳤다. 신전은 이제 폐허로 변했고 거대한 신상도 사라진 지 오래지만, 그 장대한 규모만은 아직도 실감할 수 있을 것이다. 이 올림피에이온 뒤에 솟아 있는 아크로폴리스 정상에는 파르테논 신전이 우뚝 서 있다. 아테나 여신에게 바쳐진 이 아름다운 신전은 기원전 430년대에 아테네 민주정의 가장 위대한 정치가 페리클레스의 지도하에 완공되었다. 도시를 내려다보며 서 있는 파르테논 신전은 아테네의 독립 시대를 기억하게 하는 영원한 상징이며, 고대 세계의 가장 특기할 만한 정치적 시도의 하나인 민주정 국가 아테네를 상기시켜주는 존재였다.

아테네의 과거에 대한 하드리아누스 황제의 도전은 건축 분야를 넘어섰다. 올림피에이온 신전의 헌정은 그리스 도시들을 묶는 새로운 조직인 판헬레니온(Panhellenion : 문자 그대로 '범그리스'의 뜻) 동맹의 창설을 알리는 것이었다. 이 동맹은 5개의 로마 속주들을 포괄했고, 그리스 본토는 물론이고 마케도니아, 트라키아, 소아시아, 크레타 섬, 로도스 섬과 북아프리카의 도시들까지 망라했다. 동맹에 참여하는 도시들은 가장 저명한 시민들 중에서 이 조직을 관장할 최고 행정관(아르콘) 1명과 평의회를 구성할 대표자들(판헬레네스)을 선출하게 되어 있었다. 하드리아누스는 영구적인 국제연합을 구상했던 것이다. 그래서 아테네, 스파르타, 코린토스, 아르고스와 같은 유서 깊은 도시들뿐만 아니라 널리 '옛 그리스'와의 밀접한 연관성을 입증할 수 있는 동지중해 세계의 도시들도 포함되

11. 아테네의 올림피에이온 신전. 뒤로 보이는 것은 아크로폴리스와 파르테논 신전.

었다.

그리스와의 깊은 인연을 주장하는 도시들 중에는 건국 신화에서 그 근거를 찾는 도시도 있었다. 판헬레니온 동맹이 창설되고 나서 3년 후에 공표된 공식 문서에서 하드리아누스는 직접 (리비아 해안의 비옥한 고지대에 위치한) 키레네와 (그 서쪽으로 약 90킬로미터 떨어진) 프톨레마이스-바르카 간의 분쟁에 직접 개입했다. 키레네가 그리스 도시라는 주장에는 의심의 여지가 없었다. 기원전 7세기 후반 테라(지금의 산토리니) 섬에서 이주해온 그리스인 식민자들이 키레네를 건설했기 때문이다. 하드리아누스는 프톨레마이스-바르카에 대해서도 판헬레니온 참여를 인정했다. 황제는 강한 어조로, 프톨레마이스-바르카 시민이야말로 '태생적으로 진정한 그리스인'이라고 승인했다. 그러나 이 도시에는 1명의 대표만 평의회에 보내라고 지시한 반면, 키레네는 2명을 파견하도록 했다. 이런 하드리아누스의 결정은 아마도 역사를 반영한 것 같다. 프톨레마이스-바르카는 기원전 6세기 중반에 그리스인들이 직접 건설한 것이 아니라 키레네 출신의 식민자들이 세웠던 것이다. 황제가 그리스 도시로서 키레네의 지위가 더 우월하다고 승인한 사실은 자랑스럽게 비문으로 새겨져 전시되었다. 도시의 주장이 진실임을 이보다 더 확실하게 증명해주는 것은 없을 터였다.

다른 도시들도 이러한 특권적인 그리스의 과거 속에서 활로를 찾으려고 노력했다. 1세기 초반의 지리학자 스트라본(Strabon)은 터키 남서부의 키비라에 대해 그리스에서 출발한 도시가 아니라고 언급했다. 그리고 100년 이상 지난 후, 키비라는 판헬레니온 동맹에 가입하려는 노력의 일환으로 완전히 다른 건국 이야기를 지어내, 자신들의 기원을 스파르타와 아테네에 밀접하게 연관지어서 가입을 성사시켰다. 이것은 설득력 있는 허구였다. 판헬레니온의 기존 도시들도 자기 정체성을 일신한 키비라를 기꺼이 받아들였다.

(키비라는) 스파르타인들의 식민시이며, 아테네인들과 인연이 있고, 로마에 우호적인 도시다. 또한 그리스 연방(즉 판헬레니온)에서는 속주 아시아의 가장 영예롭고 위대한 도시들 중 하나였다. 왜냐하면 주민들은 그리스 혈통을 이어왔고, 오랫동안 로마인들과 우호와 선의를 유지해왔으며, 신군 하드리아누스로부터 귀중한 특권을 부여받았기 때문이다.

하드리아누스의 판헬레니온은 그리스 세계를 재편했다. 전에는 아무런 연관도 없었고, 실제로는 심하게 적대했던 많은 도시들이 단일한 제도적 틀 안으로 통합되었던 것이다. 아테네가 동맹의 본부로 지명되었다. 이곳에서 하드리아누스는

4년마다 판헬레니아(Panhellenia) 제라는 종교 제전을 열게 했고, 137년에 첫 제전이 개최되었다. 이와 함께 황제는 하드리아네이아 제(Hadrianeia: 황제 숭배와 연관된 축제)와 올림피에이아 제(Olympeia: 올림포스의 제우스 신과 연관된 축제)도 창설했다. 이들 세 축제는 각각 '신성한 경연'으로 지정되었다. 거기에서 행해진 다양한 체육·문화 경연에서 우승하면, 우승자들은 자기네 도시에서 매력적인 특권을 보장받았다. 승리를 축하하는 퍼레이드, 상당한 세금 감면, 공금에서 지원되는 식사 등이 그러한 특권에 포함되었다. 하드리아누스는 또 이 축제들과 동등한 지위를 판아테나이아(Panathenaea) 제에 부여했다. 아테나 여신을 기리는 유서 깊은 축제는 이 도시의 전설적인 창건자 테세우스가 창설했다고 한다. 테세우스는 크레타 섬의 미궁을 탈출해 미노타우로스를 쓰러뜨림으로써 영원한 명성을 얻었고, 돌아와서 아테네를 통치했다.

한 도시에 4개의 신성한 축제를 집중시킨 것은 그리스 역사를 통틀어 유례없는 일로, 이렇게 재편되고 개선된 그리스의 과거 속에서 아테네가 핵심 위치를 차지하고 있음이 강조되었다. 아테네 시의 대규모 재개발―이 도시는 이제 다른 어느 곳보다도 그리스적인 도시가 되었다―은 올림포스의 제우스 신에게 바치는 신전에서 그 축도를 볼 수 있었다. 신전 입구에는 4개의 하드리아누스 상이 장식되었는데, 2개는 대리석,

다른 2개는 반암(파라오 시대부터 통치자의 권위를 연상시킨 짙은 자주색의 단단한 이집트 돌)으로 만들었다. 신전 뒤편에는 아테네인들이 황제를 기리기 위해 세운 거대한 하드리아누스 상이 우뚝 서 있었다. 신전 내부는 그리스 전역의 도시들이 헌정한 하드리아누스 올림피오스의 청동상들로 채워졌다. 그 메시지는 분명했다. 아테네에서 발굴된 100개에 달하는 제단에는 거의 동일한 비문이 새겨져 있는데, 거기에서 하드리아누스는 '구원자, 창건자, 올림피오스'라는 정형구로 칭송되고 있다. 결국 아테네 시의 상징적·종교적 중심은 페리클레스가 세운 파르테논 신전이 아니라, 다수의 황제상으로 둘러싸인 하드리아누스의 올림피에이온 신전이 차지하게 되었다.

그리스 세계의 다른 도시들도 하드리아누스의 그리스 르네상스라는 힘있는 주선율을 거듭 연주했다. 동지중해 세계의 21개 도시에서는 하드리아네이아 제라는 축제가 열렸다. 15개 도시에서는 도시 이름에 '하드리아누스의'라는 별명을 덧붙였고, 나아가 9개 도시에서는 '하드리아누스의 도시'라는 뜻의 하드리아노폴리스라는 이름을 자기네에 붙였다. 하드리아누스 치하의 제국에서 그리스 세계는 지역 레벨과 제국 레벨의 열정이 하나로 모아져, 이전에 경험해본 적이 없는 화합과 문화적 결속을 이루었다. 2세기에 '그리스' 도시들 사이에서 새로 일어난 전통 돌아보기 움직임은 오랜 분쟁의 기억을 극복하는 데 도움이 되었다. 아테네와 그 동맹들이 스파르타에 패함으로써 끝난 600년 전의 펠로폰네소스 전쟁은 지워져야 할 기억이 되었다. 마찬가지로 기원전 4세기 마케도니아의 필리포스 왕, 즉 알렉산드로스 대왕의 아버지에게 아테네 시가 복속되었던 사실도 지워졌다. 분단의 과거는 잊혀져야 했다. 하드리아누스가 베푼 은혜로 범그리스 세계가 마침내 소아시아에서 북아프리카까지 펼쳐지고, 아테네는 이 멋진 신세계의 진정한 수도가 되었다. 역사상 그리스가 그토록 애써온 통합 노력에서 로마 황제가 마침내 성공을 거둔 것이다.

그리스를 꿈꾸며

그러나 당연하게도 로마인이 그리스의 과거를 이처럼 근본적으로 바꿔놓는 행위를 모두가 환영하지는 않았다. 170년대 후반, 즉 하드리아누스가 죽고 한 세대쯤 지난 후에, 터키 서부의 리디아에서 태어난 파우사니아스(Pausanias)는 거의 20년에 걸쳐 곳곳을 여행하고 조사한 결실을 담은 『그리스 안내기』를 마침내 완성했다. 거기서 파우사니아스는 '모든 그리스적인 것'이라는 주제의 여행으로 독자들을 이끌고 나선다. 꼼꼼하게 계획된 여정은 아테네에서 시작해서 펠로폰네소스 반도와 그리스 본토의 남부로 향한다. 파우사니아스는 신성한 장소들, 그리고 그곳과 관련한 역사와 유적에 특별히 관심을 기울였다. 그는 직접 방문한 수백 곳의 유적에 대해 대부분 세밀하고 정확하게 기록했다. 그 정확성은 근대의 발굴 활동을 통해 거듭 확인되었다. 하인리히 슐리만이 1876년에 미케네의 북쪽 지역을 발굴해야겠다는 영감을 얻은 것은 바로 미케네의 사자문(獅子門)에 대한 파우사니아스의 기록과 아가멤논을 비롯한 호메로스의 영웅들의 묘지가 "성벽 안쪽에" 있다는 그의 보고 덕분이었다. 결국 슐리만은 그리스에서 발굴된 것 가운데 가장 눈부신 고고학적 유물들을 찾아냈다. 여기서 중요한 것은 슐리만이 발굴한 황금으로 만든 아름다운 장례 가면과 값진 부장품들이 정말 트로이 전쟁에서 승리한 영웅들의 것이었는지 여부가 아니라, 미케네의 유적을 방문한 파우사니아스가 당시 이미 1,700년이나 된 고대 무덤에 대한 전승을 신뢰할 만한 기록으로 전달했다는 사실이다.

좋은 여행 가이드들과 마찬가지로, 파우사니아스는 볼 수 있는 것들을 빠짐없이 전부 기록하지는 않는다. 오히려 자신이 여행한 지역에 대한 매우 특별한 시각을 보여준다. 그의 저서는 '가장 언급할 만한 가치가 있는 것들'에 대한 체계적인 개관을 제공했다. 그것은 로마 지배하의 그리스를 이해하려는 사람들이라면 관심을 가져야만 하는 "가장 주목할 만한 것들을 엄선한 결과"였다. 아테네에서 파우사니아스는 하드리아누스의 건설 활동을 눈여겨보면서 이 황제야말로 "다양한 신민들의 행복을 위해 큰 공헌"을 했다고 칭송했다. 다만 관심의 초점은 확고하게 고대에 맞춰져 있었다. 파우사니아스는 아테네의 아고라에서 도시의 창건을 기념하는 역사적인 건축물들을 돌아보고, 테세우스의 영웅적인 업적을 찬미하는 한편, 기원전 5세기 페르시아인의 침공을 물리치는 데 아테네인들이 중심 역할을 했음을 기억한다. 로마가 그리스를 정복한 이후에 세워진 건축물들에 대해서는 거의 언급하지 않고, 하드리아누스가 새로 지은 도서관만 비교적 간략하게 기술한다.

올림피에이온 신전에 관한 파우사니아스의 언급은 비교적 상세하지만, 얼마 전에 하드리아누스가 그것을 완공한 것을 둘러싼 서술은 전체의 3분의 1도 안 된다. 거기서는 로마 황제의 위업에 감탄할 짬이 없고, 그리스의 신화적인 과거를 되살리는 것들이 중요했다. 우뚝 솟은 신전의 기둥을 올려다보거나 신전의 내부를 가득 메운 하드리아누스의 청동상들을 경외의 눈으로 바라보기 전에, 방문객들은 40센티미터 정도의 너비로 움푹 파인 홈에 눈길이 가게 된다. 파우사니아스의 생각에는 '모든 그리스적인 것'에 관심이 있는 사람이라면 누구나 반드시 보아야 하는 것이 이것이다. 이는 여행자와 독자 양쪽을 그리스의 시원으로 안내해준다. 이것은 일찍이 세계를 집어삼킨 대홍수에 대한 기억과 거기서 살아남은 데우칼리온의 아들 헬렌이 그리스 민족의 시조라는 것을 상기시키기 때문이다. 올림피에이온· 신전 근처에 움푹 파인 그 홈은 홍수로 불어난 물이 빠져나간 배수구였다고 전해진다. '옛 그리스'와의 밀접한 관련은 이곳에 있었지, 웅장한 신전이나, '구원자, 창건자'로서 범그리스 세계를 새로 확립했다고 기리는 로마 황제상들에 있었던 것이 아니다.

파우사니아스의 아테네 여행은 하드리아누스의 콧대를 납작하게 만든다. 파우사니아스는 하드리아누스가 되살린 그리스 문화를 원형의 압도적인 우월함을 드러내 보이는 유적들과 비교하여 평가한다. 아고라에서 아크로폴리스로 오른 파우사니아스는 지나가는 말로 하드리아누스 상이 파르테논 신전에 안치되어 있었다고 언급할 뿐이다. 기원전 5세기에 건립되어 여전히 신전 안에 서 있는, 금과 상아로 만든 거대한 아테나 여신상을 훨씬 더 길게 다루고 있는 것과 비교할 때, 황제상은 대충 훑어보는 걸로 충분하다. "아테나 상이 서 있다. …… 여신은 4페키스(약 2미터) 크기의 승리의 여신 니케 상을 한 손에 들고 있고, 다른 손에는 창을 쥐고 있다. 여신의 발밑에는 방패가 놓여 있고, 창 바로 옆에는 뱀이 있다." 이런 고전기의 걸작을 감상하는 것은 방해받지 않아야 한다. 파우사니아스가 아크로폴리스를 방문하기 200년쯤 전에는 높이가 10미터 정도 되는, 로마와 황제 아우구스투스에게 헌정된

12. 로마와 아우구스투스 황제에게 헌정된 신전 유적. 아테네 아크로폴리스에 서 있는 파르테논 신전의 동측 전면.

원형 신전이 파르테논 신전 바로 앞에 건립되어, 파르테논 신전의 동측 전면의 조망을 해치고 있었다. 파우사니아스는 『안내기』에서 이 원형 신전을 전혀 언급하지 않는다. '모든 그리스적인 것'을 소개하는 이 책에서 고대의 경관을 해치는 이런 로마적인 '오점'은 지워버려야 할 것에 불과했던 것이다.

본래의 그리스 세계 속으로 새로이 침입해온 요소들을 의도적으로 무시하는 파우사니아스의 태도는 아테네 밖에서 훨씬 더 확실하게 드러난다. 그가 언급한 역사적 건축물들 가운데 기원전 3세기 이후의 것은 거의 없다. 코린토스에 대해서는 거의 무시해버린다. 이 도시는 기원전 146년에 로마에 의해 파괴되었고, 그로부터 100년 후에 율리우스 카이사르가 재건했다는 것은 언급하지 않는다. 파우사니아스에게 그보다 중요한 것은 코린토스의 왕이나 신들, 영웅들에 관한 옛 이야기들이었다. 이 도시에는 영웅 벨레로폰을 오래도록 기억하게 하는 것이 있었으니, 힘세고 날개가 달린 그의 말 페가수스를 최초로 길들인 '조련사' 아테나 여신에게 바쳐진 옛 신전이 그것이었다. 파트라이(Patrae: 코린토스 만 남쪽 해안의 도시로 지금의 파트라스)를 방문하면서, 파우사니아스는 아우구스투스 황제가 이 도시를 크게 확장했다는 것에 주목했다. 아우구스투스 황제는 도시 주변의 마을들을 계획적으로 파괴하고 주민들을 이주시켰다. 그 상흔은 파우사니아스와 같은 예리한 관찰자에게 고통스러울 정도로 깊이 새겨졌다. 15킬로미터 내륙에 위치한 (전에는 독립 도시였으나 당시에는 파트라이에 종속되어 있던) 페라이에서는 숲속의 성소가 훼손되어 있었다. "이곳에는 신전도, 신상도 없다. 지역 주민들은 그 상들이 전부 로마로 옮겨졌다고 말했다."

이는 정복의 결정적인 증거였다. 이런 곳은 그냥 무시하고 지나쳐서, 정복 이전의 더 활기차고 더 쾌적한 땅을 여행하는 편이 낫다. 파우사니아스는 상상 속의 그리스 여행이라는 편안한 경험을 동료 여행자들에게 제공했다. 그래서 하드리아누스가 창설한 판헬레니온 동맹처럼, 파우사니아스가 그린 그리스는 현실 세계보다도 더 그리스적이었다. 파우사니아스의 그리스는 한 번도 존재했던 적이 없는 무언가에 대한 향수 어린 동경이었고, 아테네를 중심으로 한 통일된 그리스가 존재했어야만 한다는 아쉬움이 깃든 과거에 대한 환상이었다.(기원전 5세기 말에 아테네를 패배시킨 스파르타와 동맹을 맺은 도시국가들은 실로 '살인자들이며 그리스 파괴자들'이나 진배없는 자들로 묵살되어야만 했다.) 무엇보다도 파우사니아스의 『안내기』는 '모든 그리스적인 것'을 찾아낼 수 있는 박식한 가이드가 호기심 많은 여행객에게 과거와 밀접하게 연관된 장소를 수미일관하게 정리해서 보여주는 책자였다. 그리고 하드리아누스의 판헬레니온 동맹과 달리, 이 이상화된 그리스는 로마 황제의 지배를 받고 있음에도 불구하고 완전무결한 상태를 유지했다. 파우사니아스가 묘사하는 그리스는 그 기원과 종교, 신화를 둘러싼 토착 의식 속에 깊이 뿌리내리고 있었던 것이다.

대비되는 과거

파우사니아스가 마법에 걸린 듯 매혹적인 고대의 풍경 속에 너무나 또렷이 보이는 외부 침략의 영향을 지워버리려고 했다면, 역사가이자 철학자인 플루타르코스는 ─역시 유서 깊은 세계에 침입한 새로운 제국의 힘에 대응하면서─오히려 그리스인과 로마인 모두의 기질이나 역사를 대등하게 놓고 비교하려고 노력했다. 2세기의 첫 20년 동안 (트라야누스와 하드리아누스의 재위 기간에 걸쳐서) 플루타르코스는 저명한 그리스인과 로마인의 전기 46편을 완성했는데, 이들은 각각 한 쌍씩 대비되는 형태를 취했다. 예를 들면, 알렉산드로스 대왕은 율리우스 카이사르와 대비되고, 아테네의 뛰어난 정치가 페리클레스는 파비우스 막시무스 쿤크타토르(제2차 포에니 전쟁에서 한니발을 이탈리아로부터 물러나게 만든 '지연전의 명수')와 한 쌍을 이루며, 테세우스(아테네의 창건자)는 로물루스(로마의 창건자)와 대비된다.

플루타르코스가 이 『대비 열전』(보통 『영웅전』이라고 불린다—옮긴이)을 집필한 주요 목적은 독자들에게 역사상의 이야기를 제공하여 그것과 관련한 도덕적인 문제를 생각해보도록 권하는 데 있었다. 플루타르코스는 정치가와 장군들의 생애에 집중했는데, 그것은 그들의 성격이 각자의 행위에서 가장 분명하게 드러난다고 굳게 믿었기 때문이다. 이런 식의 전기를 읽으면서 독자들은 특정한 문제들, 즉 감정(분노, 욕망, 야망)을 다스리는 법, 훈육과 교육의 효과를 판단하는 법, 자비와 관용과 연민 등의 감정을 드러내는 법을 충분히 생각하게 된다. 이러한 문제들에 대한 모범이나 반면교사의 사례가 그리스인과 로마인 양쪽의 전기에서 도출된다. 페리클레스와 파비우스는 전쟁의 고난에 직면하면서도 소동을 일으키는 군중에 맞서 침착함을 잃지 않은 현명한 정치가의 본보기를 제공했다. 알렉산드로스 대왕과 율리우스 카이사르는 야망이 낳는 좋은 면과 위험한 면을 생각해보게 한다. 두 인물의 전기를 대비시킴으로써, 권력과 명예에 대한 갈망이 어떻게 훌륭한 행위에 영감을 주거나 혹은 재앙을 불러올 수 있는지도 드러내준다.

이 전기의 소재를 선택하고 배치하면서 플루타르코스가 가장 중시한 것은 독자들의 의식 함양을 위해 도덕과 관련한 다양한 논점을 제시하는 것이었다. 이는 한 쌍의 전기 말미에 배치된 비교 부분에서 가장 잘 드러난다. 「로물루스 전기」에서 플루타르코스는 로마 창건자에 관한 고대의 전승에 의문을 제기했다. 로물루스가 새로운 도시 로마의 장소를 둘러싸고 쌍둥이 아우 레무스와 언쟁을 벌이다가 그만 아우를 살해했다는 전승 말이다. 그러나 어쨌든 로물루스의 '비이성적인 분노와 성급하고 경솔한 격분'은 무시하고 지나갈 수 없었다. 플루타르코스에 따르면, 자기 감정을 억제하지 못한 로물루스의 행동 탓에 그의 일행 가운데 한 명이 그 자리에서 레무스를 살해한 것이었다. 그것은 테세우스의 아내 파이드라가 의붓아들 히폴리토스가 욕정에 사로잡혀 자신에게 접근했다고 비난함으로써 시작된 그리스 세계의 유명한 가정 불화 이야기와 대비된다. 아내를 믿은 테세우스는 결백을 주장하는 아들 편을 들지 않고 아들을 매도하고 저주했다(그러나 실은 파이드라 쪽에서 히폴리토스를 유혹했지만 거절당하자 되레 복수를 꾀했던 것이다). 플루타르코스가 보기에, 테세우스는 '비이성적인 분노'에 사로잡힌 점에서는 로물루스와 마찬가지로 비난을 받을 만하지만, 그럼에도 불구하고 테세우스는 "애정, 질투, 여자의 비방 탓에 판단을 그르쳤을 뿐, 그 압도적인 힘 앞에서는 남자라도 별 뾰족한 수가 없는 것이 세상사"인 것이다. 여기에서 가장 중요한 것은, (적어도 플루타르코스가 말하려고 한 전승에서는) 마찬가지로 감정을 억제하지 못했다고 하더라도 테세우스의 경우에는 아들을 매도했을 뿐이지만, 로물루스의 경우에는 일행을 살인자로까지 만들었다는 점이다. "이러한 이유들 때문에, 사람들은 테세우스 쪽에 표를 던질 것이다"라고 플루타르코스는 단정하고, 로마의 창건자보다 아테네의 창건자를 더 높게 평가한다.

이처럼 어려운 판정을 내리는 데 있어서, 플루타르코스는 전통적인 그리스의 윤리관을 충실히 답습했다. 그것에 관한 중요한 텍스트의 하나가 바로 아테네의 대철학자 플라톤이 이상적인 사회에 대해 그린 『국가』였다. 플라톤이 다룬 중심적인 문제 가운데 하나는 자제력이었다. 행동가들의 경우 어느 정도의 분노는 전쟁에서 용맹함을 발휘하기 위해 필요하지만, 덕망가라면 늘 분노를 차분히 가라앉혀야 한다고 플라톤은 말했다. 결국, 테세우스는 이러한 이상형의 실현과는 거리가 있지만, 로물루스보다는 분노를 더 잘 억제할 수 있었다. 감정을 억제하는 것이 교육의 주요 목적 가운데 하나였다. 로물루스의 후계자이며 초기 로마의 전설상의 일곱 왕 가운데 2대째였던 누마를 찬미하면서, 플루타르코스는 누마의 엄격한 자기 억제야말로 공정한 법률을 만들어내는 능력의 밑바탕이 되었음을 믿어 의심치 않았다. 그래서 "교육을 받고, 고난을 견디고, 지혜를 사랑하는 마음을 가지고 자기수양을 함으로써…… 이성을 통해 감정을 자기 안에 가둬버리는 것이야말로 진정한 용기라고 생각했다".

그러니까 그리스인과 로마인을 대비시킨 일련의 전기를 저술하여, 양쪽을 순그리스적인 윤리 기준으로 판정하는 것이 바로 플루타르코스가 해온 작업의 핵심이었다. 『대비 열전』은 어떤 면에서는 그리스와 로마의 정치가나 장군을 비교할 수 있다고 주장한다. 한 인물을 다른 인물과 짝지음으로써 정복자와 피정복자를 동등한 위치에 두고 보여준다. 이것을 하는 데 가장 적절하고 효과적인 방법은 과거를 돌아보며 그것을 기술하는 일이었다. (『대비 열전』에서 다뤄진, 그리스인과 대비될 수 있는 가장 후대의 전기는 율리우스 카이사르와 마르쿠스 안토니우스의 전기였다. 더 내려오면 아우구스투스와 대면하게 될 터인데, 그 경우에는 어떤 그리스인과 대비시켜야 설득력이 있었을까?) 그러나 여기서 가장 주목해야 할 것은, 플루타르코스가 당당하고 오해의 여지 없이 그리스적인 판단 기준만으로 그리스인이든 로마인이든 모두 평가할 수 있음을 내비친다는 점이다. 23쌍 가운데 20쌍의 전기에서 그리스인 쪽이 먼저 다뤄진 것 역시 그리 놀랍지 않을지도 모른다. 『대비 열전』에서 로마인을 판단할 기준이 되는 것은 그리스인이었다. 각 인물의 강점과 약점을 평가하는 기준은 바로 그리스적인 윤리관과 철학이었다. 한 마디로 말하자면, 이러한 전기를 통해 로마의 역사가 충분히 이해될 수 있는 것은 그리스적인 관점 때문이라는 급진적이고 흥미로운 주장을 제시하고 있는 것이다. 그 결과로 발생한 역설은 실로 유쾌하다. 플루타르코스의 관점에서보면, 뛰어난 로마인이란 실은 전통적인 그리스의 미덕을 체현하는 사례로서 사람들을 고무시키는 존재였던 것이다.

제국의 역습

물론, 플루타르코스나 파우사니아스를 로마 지배에 적극 반대한 인물들이라고 생각하는 것은 너무 단순하다고 할 수 있다. 그들은 부디카와 브리타니아의 반란을 지지하지도 않았을 테고, 마사다에서 자유를 위해 항거한 유대인들의 최후와 함께 자살을 택하지도 않았을 것이다. 그들의 저작은 폭동을 교사하지도 않았고, 무장봉기를 선동하지도 않았다. 또 그들을 탄압하려고 한 황제가 있었던 것도 아니다. 사실, 플루타르코스는 (토지를 소유한 지중해 지역의 다른 많은 엘리트층과 마찬가지로) 제국 체제의 수혜자였다. 그는 그리스 중부 보이오티아에 있는 대농장을 유산으로 물려받았고, 고향인 카이로네이아에서는 고위 관직을 역임했으며, 로마 시민권이 제공하는 특권을 누렸고, 여러 명의 부유하고 힘있는 로마인들과 친교를 나눴다. 플루타르코스와 파우사니아스의 저작들이 흥미로운 이유는, 로마의 지배에 대한 저항을 공공연하게 외치기보다는 오히려 제국의 강압적 지배로 인해 정치적·경제적·사회적으로 심각한 단절이 당대에도 지속될 뿐만 아니라, 과거에 대해서도 중대한 영향을 끼치고 있음을 분명히 인식했기 때문이다. 사실 지배 권력 일반이 나타내는 특징들 가운데 하나는 효율적인 행정, 세금 징수, 법과 질서의 유지와 함께 피정복민들의 역사를 자신들의 목적에 따라 멋대로 고쳐쓸 수 있는 힘을 갖는다는 것이다.

2세기 초에 황제 하드리아누스는 역사를 일신하는 대변혁을 일으켰다. 관대한 황제와 로마에 협력하는 도시 엘리트층이라는 이미지와 맞지 않는 과거의 역사는 지워져버렸다. 예컨대, 하드리아누스의 예루살렘 건설 계획은 예루살렘이라는 도시의 유대적 전통을 거만하게 무시한 것이었다. 130년에 속주 유대 지역을 순회하던 하드리아누스는 다름 아닌 예루살렘 땅에 제대병들이 거주할 식민시를 건설했다. 이 식민시는 후에 콜로니아 아일리아 카피톨리나(Colonia Aelia Capitolina)로 알려지게 된다('아일리아'는 하드리아누스 황제의 가문명 '아일리우스'의 여성형이다). 예루살렘의 흔적을 없애버린 이러한 조치야말로 132~135년에 일어난 유대 반란의 요인 가운데 하나라고 주장하는 이들도 있다. 이 반란에 대해서는 거의 알려진 바가 없다. 카리스마 넘치는 시몬 벤 코시바(Shim'on ben Kosiba, 또는 바르 코크바Bar Kochba)가 이끄는 반란 세력은 얼마간 게릴라전을 유리하게 수행하고 예루살렘의 야훼 신전을 재건하려는 의도에서 동전을 자체 발행하기도 했다. 그러나 그것도 잠시였다. 하드리아누스가 직접 지휘하는 로마의 대군이 반란을 진압했다. 보복은 거침없었다. 일설에 따르면, 50개의 도시와 985개 마을이 파괴되고 50만 명이 넘는 반란자들이 살해되었다고 한다.

반란 진압 후에도 예루살렘 건설 활동은 계속되었다. (훨씬 후대에 성묘교회가 세워진 자리인) 광장에서는 유피테르 신전이 주위를 압도하고 있었다. 70년에 로마 군단이 예루살렘을 약탈한(로마의 티투스 개선문은 이때의 승리를 기념하고 있다) 후 하드리아누스 치세에 이르기까지 60년 동안 신전 언덕은 버려져 있었는데, 이제 그 위에 두 조각상이 세워지게 되었다. 하나는 유피테르 신의 상이고, 다른 하나는 하드리아누스의 기마상이다. 놀랍게도 유대인들은 예루살렘 시내나 교외에 거처를 정하는 일이 엄격하게 금지되었다. 재건되고 새로운 이름을 얻은 예루살렘은 이 도시를 가장 신성하게 여기는 사람들에게는 닫혀 있었던 것이다. 그들은 영원한 아웃사이더라는 운명을 안게 되었다. 일련의 웅장한 기념물들이 건립되고 전면 개조된 아일리아 카피톨리나는 완벽하게 하드리아누스 치하 로마 제국의 일부가 되었다. 이 도시의 반란의 역사는 유대인들 자신처럼 철저히 제거되었던 것이다.

그리스 세계의 과거에 대해서는 하드리아누스의 태도도 이렇게까지 가혹하지는 않았다. 그렇지만 그가 그리스적인 것 모두를 열정적이고 맹목적으로 옹호했다고 생각하는 것은 무리다. 이 황제가 아테네 시(그리고 지중해 지역의 200개가 넘는 도시)에 베푼 엄청난 규모의 자선이나 그리스의 역사와 문학에 쏟은 애정은 그의 친(親)그리스적 태도의 표현을 넘어서는 것이었다. 제국의 도시에서 하드리아누스가 후원한 건설 계획에서는 지난 역사에 대한 매우 독특한 해석이 기념물의 형태로 체계적으로 구체화되었다. 그러한 과거는 황제 자신과 노골적으로 연계되어 이번에는 로마 제국이라는 현재의 세계와 일체화된다. 하드리아누스는 어느 곳보다도 아테네의 올림피에이온 신전에서 가장 공공연하게 전통적인 신들과 짝을 이루었으며, 그 신들에 대한 숭배를 부활시켰다. 스미르나(오늘날 터키의 이즈미르)의 거대한 신전에서는 하드리아누스와 제우스 아크라이오스('높은 곳에 계시는' 제우스라는 뜻)와 밀접하게 연결되었다. 마르마라 해의 남쪽 해안에 있는 키지코스에서도 제우스에게 바쳐진 신전의 박공벽에서 하드리아누스 상이 주위를 내려다보고 있었다. 시리아 동부의 팔미라에서 하드리아누스는 옛 신들인 바알샤민 및 두랄룬과 연결되어, 새로 건립된 웅장한 성소에서 숭배되었다.

이러한 기념물들은 지방 도시의 열정과 개인의 기부가 낳은 결과였다. 이를 통해서 지방의 명사들이 자신을 황제와 연결하여, 국제적인 차원에서 자신들의 중요성을 과시할 수 있었다. 예를 들면, 도시 미화를 기념하는, 스미르나에서 출토된 한 비문에는 하드리아누스 황제의 기부와 함께 25명의 지역 명사들의 기부 내역이 열거되어 있다. 피정복자가 정복자에게 협력하는 이런 역설은 피하기 어려운 것으로, 정복 활동이 초래한 결과들이다. 이런 역설적인 관계도 제국에 종속되는 데 따르는 결과이다. 2세기 초 에페소스에서 살루타리스의 재정적 지원으로 2주마다 열린, 은으로 만든 조각상들의 제례 행렬에서는 로마 황제와 이 도시의 영웅, 창건자, 그리고 신들을 둘러싼 역사가 서로 연결되어 있었다. 제2장과 3장에서 다루었듯이, 그처럼 긴밀한 황제와 도시의 연계는 불가결한 것이었다. 그러나 거기에는 로마의 패권에 대한 찬미도 포함되었다. 아프로디시아스에서는 벌거벗은 모습의 황제상을 새긴 인상적인 부조에 의해 로마 권력을 그리스의 전통에 맞춰 표현할 수 있었다. 이는 제국의 지배자들을 올림포스의 신들과 동등한 위치에 놓는 것이기도 했다. 게다가 하드리아누스의 판헬레니온 동맹에 가입하려면 고대 그리스의 혈통임을 증명해야 했는데(옛 그리스로의 회귀는 플루타르코스와 파우사니아스를 기쁘게 했을 것이다), 이는 그리스 세계를 재창조하려는 하드리아누스와 결탁하는 꼴이 되었다.

플루타르코스와 파우사니아스는 바로 이처럼 겉으로 보기에는 평화적인 이 로마의 '침략'에 반발했던 것이다. 그러면서 이에 맞서 로마판 과거와는 다른 그리스판 과거를 제시했는데, 그 과거는 로마 황제의 것만큼이나 의도적으로 고쳐놓은 것이었다. 어쨌거나 그들의 주장은 타협의 산물이기도 했다. 파우사니아스가 묘사하는 그리스(본토의 남부, 아티카, 펠로폰네소스 반도)는 전부 로마의 속주 아카이아의 관할지역에 포함되어 있었다. 파우사니아스의 여정은 (기원전 5세기의 그리스인은 이해하지 못했을) 로마 제국 치하의 지리적 윤곽을 따라가는 것이었다. 그의 『안내기』가 되살리려 했던 '옛 그리스'는 로마가 지배할 때까지 하나로 통일되지 못했다는 사실이 여기에서 암묵적으로 인정되고 있는 것이다. 마찬가지로 플루타르코스의 『대비 열전』이라는 역사적 저작은 전기작가 혹은 철학자인 그가 무엇보다도 세계 지배를 확고하게 다진 로마의 성공사를 인정하는 면이 있었다.

1세기와 2세기에는 로마 지배의 압도적인 영향력을 피할 수 없었다. 플루타르코스와 파우사니아스가 본보기를 잘 보여주었듯이, 대부분의 인간이 취한 태도는 결탁이냐 저항이냐와 같은 단순한 것이 아니었다(결국, 한 번도 정복을 당해보지 않은 사람만이 그처럼 결탁이냐 저항이냐의 양자택일을 생각해볼 수 있는 것이다). 그렇다고 하더라도, 로마에 대한 본격적인 저항이 없었다고 해서—유대인은 특별한 예외지만—하드리아누스의 건설 활동이 아무런 마찰 없이 추진되었다고 생각해서는 안 된다. 로마 황제들에게 과거는 '횡령'의 대상이었다. 그것은 정복의 상흔을 지우고, 지배하는 자와 지배받는 자의 밀월을 강조하기 위해 재구성할 수 있는 대상이었다. 현실을 피하여 상아탑의 세계로 숨어들어버릴 위험이 있는 그리스의 일부 지식인들에게 과거란 아직도 해방이라는 상상을 펼칠수 있는, 적어도 망각의 저편으로 사라지는 것을 막을 수 있는 유일한 장소였다. 파우사니아스는 로마의 기념물이 존재하지 않는 그리스를 묘사했고, 플루타르코스는 그리스의 윤리와 철학이 세상사를 판단하는 최고의 기준이자 고결한 삶을 위한 최고의 가르침이 될 전기를 저술했던 것이다.

역사는 어쩔 수 없이 제국에 희생된다. 하드리아누스가 자신의 흔적을 다른 어디보다도 깊이 새겨놓은 아테네에서는 황제의 자선 행위를 기념하는 멋진 아치문이 올림피에이온 신전 근처에 세워졌다. 그 서측 전면에 새겨진 비문에는 다음과 같은 글귀가 보인다. "여기는 지난날 테세우스의 도시였던 아테네이다." 이해가 더딘 사람을 위해서 반대편의 비문이 요점을 다시 말해준다. "이곳은 테세우스의 도시가 아니라, 하드리아누스의 도시이다." 하드리아누스가 세운 다른 기념물들처럼, 이 아치문과 거기에 새겨진 비문은 그리스의 역사에

13. 아테네에 있는 하드리아누스 황제의 아치문. 뒤쪽으로 올림피에이온 신전이 보인다.

대한 열정적인 지지로 받아들일 수 있다. 페리클레스가 활약하고 판헬레니온 동맹의 본부가 들어서 있던 이 도시의 한가운데에서, 로마 황제는 스스로 아테네의 최초 창건자와 짝을 이루어 자신의 '대비 열전'을 암시하는 재치를 보이는 것이다. 혹은 자신을 테세우스라는 최초의 창건자에 견줌으로써, 현재와 과거의 아테네에 대한 제국의 지배를 단호하게 선언하려 한 것으로 이해할 수도 있다.

물론, 두 가지 설명이 모두 가능하다. 그리고 어느 쪽이든 옳다. 결국, 중요한 것은 이런 모호함인 것이다. 그런 의도적인 모호함 때문에 지방의 엘리트층은 오랜 전통과 양립할 수 있는 형태로 로마 황제들을 지지할 수도 있고, 플루타르코스나 파우사니아스 같은 그리스권 사상가들의 세련된 역사 서술을 음미할 수도 있었다. 하드리아누스와 같은 지배자가 자신이 건립한 기념물에서 자기네 문화의 우월함을 강력하게 주장하는 것은 당연할 것이다. 마찬가지로, 파우사니아스가 주의 깊게 계획된 아테네 순례에서 그리스 세계의 중심지에 있는, 로마 황제를 기리는 아치문이라는 거슬리는 존재를 단호히 외면했다고 하더라도 전혀 뜻밖의 처사는 아닌 것이다.

제 5 장

사자에게 던져진
기독교도들

모래 위의 피

177년 여름, 루그두눔(지금의 프랑스 남부 리옹). 마침 축제 기간이었고, 원형경기장에서는 눈요깃거리로 기독교도들이 끌려나와 있었다. 이때의 일에 관해서는 현장을 직접 목격한 다른 기독교도들이 기록으로 남겨놓았다. 거기에 따르면, 먼저 마투루스와 상크투스가 끌려나왔다. 온갖 고문을 다 당하고, 채찍으로 맞고, 맹수들의 공격을 받고, 흥분한 군중이 요구하는 것들을 모두 견뎌냈다. 다음 차례는 아탈루스와 알렉산드로스였다. 그들도 고문을 당했고, 마지막에는 살갗을 지지는 달군 쇠 의자에 결박당했다. 축제의 마지막 날에는 여자 노예 블란디나가 원형경기장으로 끌려나왔다. 채찍질에 이어 사자들, 그다음에는 벌겋게 달군 철판이 등장했고, 마지막에는 그물 속에 넣어져 황소 앞에 던져졌다. "황소의 뿔에 받혀 이리저리 나뒹구는 동안, 그녀는 자기 몸에 무슨 일이 일어나고 있는지 전혀 의식할 수 없었다. 이 역시 그녀의 희망, 굳건한 신앙심, 그리스도와의 영적인 교감 덕분이었다."

2세기 루그두눔의 주민들에게 기독교도들은 기분 좋은 나들이의 이벤트, 즐길거리의 하나, 구경거리의 하나였다. 군중은 마치 포효하는 사자처럼 환호성을 질러댔다. 그러나 이러한 이야기 속에서(그리고 이같은 폭력과 잔인함에 대한 수많은 일화에서도) 열광적으로 환호하는 관중은 결코 부랑자와 같은 하층민들이 아니었음을 강조해야 한다. 이들은 미쳐 날뛰는 폭도가 아니라, 오히려 눈요깃거리로 준비된 폭력을 흥미진진한 소일거리로 여기는 선량하고 믿음직한 시민들이었다. 사회적으로 버림받은 자들(노상강도, 도둑, 죄수, 도망 노예)이 점잖고 법을 준수하는 사람들의 오락을 위해 잔인하게 죽는 것은 당연하게 여겨졌다. 마찬가지로, 전문 투사들(검투사, 맹수 사냥꾼)이 싸움질을 하는 것도 당연시되었다. 일부 관중은 마음에 드는 검투사의 기술과 훈련, 경력을 자세히 알고 있었다. 또한 숱한 싸움으로 몸에 상처가 새겨진 이 투사들에게서 성적 환상을 품는 자들도 있었다.

경기를 보러 간 사람들은 모두 깊이 몰입했다. 수도 로마에서 벌어진 구경거리에서 클라우디우스 황제는 죽임을 당하는 자의 고통스러워하는 모습에 심취해서, 죽어가는 그들의 얼굴이 자기 쪽을 향하게 하라고 명령했다고 전해진다. 실제로, 황제들의 전기를 쓴 수에토니우스에 따르면, 허약 체질이었던 클라우디우스는 검투 경기의 폭력성에 열광해서 날이 채 밝기도 전에 원형경기장을 찾았고, 부유한 관중들이 다들 낮잠을 즐기러 집으로 돌아가는 오후에도 경기장을 떠나지 않았다고 한다.

검투 경기를 보러 가는 것은 로마인들에게 일상적인 소일거리의 하나였다. 원형경기장에서는 어두운 통로와 경사로, 가파른 계단을 복잡하게 지나야 좌석에 앉을 수 있었다. 19세기의 최상급 오페라 공연장처럼, 신분이 높은 사람들은 가능한 한 자신들만의 전용 좌석을 이용할 수 있었다. 어두운 통로를 빠져나온 관객은 여전히 눈을 깜박이며 밝은 햇살 아래 펼쳐지는 자신들의 사회의 축도를 인상 깊게 바라보았을 것이다. 모두들 축제에 어울리게 차려 입은 관중은 나이, 지위, 재산, 직업을 고려한 좌석 배치에 따라 자리에 앉았다. 아우구스투스 황제는 극장 좌석에 제국의 사회계층을 반영하라고 명령했다. 속주 도시에서는 시 참사회 멤버들이 가장 좋은 좌석을 차지했다. 그다음 자리는 남성 시민들 몫이었고, 기혼자는 미혼자와 따로 앉았다. 직업조합에 소속된 사람들은 정해진 줄에 앉았고, 시민 신분의 젊은이들은 별도의 구역에서 관전

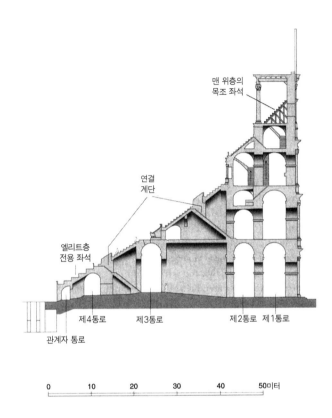

맨 위층의
목조 좌석

연결
계단

엘리트층
전용 좌석

제4통로　　　제3통로　　　　　　제2통로　제1통로

관계자 통로

0　　　10　　　20　　　30　　　40　　　50미터

14. 콜로세움의 단면도(복원).

했다.

이러한 좌석의 계층화는 엄밀하게 정해져 있는 것처럼 보이지만, 실제로는 엄격하게 지켜지지 않기도 했을 것이다(예를 들면, 유력자들은 지인을 불러 자기 옆에 앉히기도 했을 것이다). 하지만 기본적인 의도는 분명하다. 소란을 일으킬 소지가 다분한 도시 빈민은 극소수만 입장할 수 있었다. 로마 콜로세움의 5만 석 가운데 60퍼센트는 부유한 시민들이 차지했다. 관중석 뒤편의 20퍼센트만이 도시 빈민, 시민권 없는 사람들, 노예들에게 배정되었다. (지상의 입구에서 220계단을 올라간) 맨 위층의 좌석은 여성에게 할당되었다. 원형경기장의 엄밀한 기하학적 건축양식에 의해 관중은 사회적 지위에 따라 일목요연하게 구분되었다. 자신이 어디에 앉는지, 어디에 앉아 있는 것으로 보이는지가 중요했던 것이다.

로마의 경기장에서 드러나는 이같은 '제국'의 축소판을 통할하는 주체는 황제였다. 관중의 환호와 갈채는 지배 체제에 대한 지지의 의사 표시였다. 관중은 황제 전용석에 앉아 있는 로마 제국의 수장을 눈으로 분명히 볼 수 있었다. 율리우스 카이사르와 2세기 후반의 황제 마르쿠스 아우렐리우스는 문서 처리에만 매달리고 경기장에는 나타나지 않는다고 크게 비난받았다. 황제는 경기장에서 싸우는 검투사와 관중 양쪽에 주의를 기울여야 한다고 여겨지고 있었기 때문이다. 관중은 언제라도 검투사를 살려주라고 탄원하거나, "됐다! 결판났다!"라고 환호성을 지르거나, 치명상을 당하고 죽어가는 검투사에게 갈채를 보내기도 했다. 검투사들은 잘 싸우는 것만이 아니라 제대로 죽는 훈련도 받았다. 최후의 순간에 검투사는 가슴을 내밀고, 몸의 우측에 기대 서서, 고개를 떨어뜨리고, 자신의 무기에 상반신을 맡겼다. 이것이 바로 로마 세계의 '빈사의 백조'였다. 이렇듯 형식을 갖춰 제대로 된 최후를 맞지 않는 검투사는 실망한 관중들로부터 거센 비난을 들어야 했다.

이처럼 세심하게 연출된 삶과 죽음의 순간은 막대한 비용이 들고 경탄을 자아낼 만한 오락거리의 일부였다. 황제들의 입장에서 이러한 볼거리에 드는 비용을 부담하는 것은 사회의 정점에 올라선 자신들의 부와 지위를 만인 앞에 과시하는 일이었다. 환호하는 군중 앞에서 피와 돈이 마음껏 흐르도록 하는 것은 황제에게 이득이 되었다. 율리우스 카이사르가 기원전 65년 아버지 장례 때 개최한 경기에서는 검투사들의 갑옷이 은으로 제작되었다. 검투사들의 장비는 보석이 박히거나, 공작새나 타조의 깃털로 장식되기도 했다. 80년 콜로세움의 개장식에서는 검투 경기와 9,000마리의 맹수 사냥을 비롯한 구경거리가 100일 동안 이어졌다. 당시의 황제 티투스는 관중을 한층 더 즐겁게 해주었다. 황제는 관중석으로 작은 나무 공을 던져서 그 공에 적힌 표시에 맞춰 먹을거나 옷, 또는 (운이 좋은 소수의 관중에게는) 말이나 은그릇, 노예를 주기도 했다.

검투 경기에 투여된 이런 놀랄 만한 시간과 자금, 그리고 로마인들의 강한 애착은 지배를 과시하는 행위로서 검투 경기가 갖는 중요성을 잘 드러낸다. 관중은 갈채를 보내고 리드미컬하게 성원함으로써 공동의 연대의식을 확인하며, 눈앞에서 무참하게 살해되는 검투사가 자신들과는 별개 집단임을 선언했다. 관중은 또 패배한 검투사의 운명을 좌우함으로써 인간에 대한 절대적 지배를 행사했다. 죽음을 가지고 노는 이 구경거리는 사회가 스스로의 안녕을 다지기 위해서 제공하는 통제된 무질서의 막간극이었다. 그런 의미에서 원형경기장, 그리고 철저히 통제된 관중과 잔인한 게임은 제국의 단합을 가져오는 폭력과 질서의 축도였다. 유혈이 낭자한 볼거리 속에서 폭력은 질서 잡힌 사회에 반드시 동반될 요소로 제시되었다. 마치 전쟁이 한때는 제국의 수립에 불가결한 것이었듯이 말이다.

그러나 폭력과 질서가 얼마나 교묘하게 한 공간 안에 압축되었든 간에, 이 두 요소를 완전하게 분리시키는 것은 불가능하다는 사실 또한 중요하다. 관중을 경기장에서 차단하는 튼튼한 나무 바리케이드는 타고 넘어갈 수도, 혼란에 빠트릴 수도, 무너뜨릴 수도, 모호하게 할 수도 있는 경계였다. 192년,

역사가로서 원로원 의원이기도 했던 디오 카시우스는 코모두스 황제가 주최한 검투 경기에 참석했다. 황제는 경기를 주재했을 뿐만 아니라, 친히 검투사가 되어 경기장에 나섰다.

경기는 14일 동안 계속되었다. 황제가 싸울 때는 언제나 우리 원로원 의원들 모두가 참석했다. …… 황제가 우리에게 보여준 행동은 우리 자신이 황제의 손에 죽을지도 모른다는 우려를 품게 하기에 충분한 것이었다. 황제는 타조를 죽이고는 머리를 잘라서 우리 쪽으로 다가왔다. 왼손으로는 타조의 머리를 들어 흔들고, 오른손에는 피 묻은 검을 든 채로. 황제는 아무 말도 하지 않고 활짝 웃으면서 자신의 머리를 흔들며 우리 역시 같은 꼴로 만들어줄 수 있다는 뜻을 내비쳤다. 만약에 그 자리에서 우리가 웃었다면, 그의 검에 목이 날아간 사람도 있었을 것이다. 그 순간 긴장을 하기보다는 웃음부터 나올 것 같아서, 나는 내가 쓰고 있던 화관에서 월계수 잎을 따 입에 넣었다. 그리고 곁에 있는 사람들에게도 나처럼 월계수 잎을 씹으라고 권했다. 그래야만 턱을 계속 움직이며 웃음을 숨길 수 있었기 때문이다.

디오의 목격담에서 광기 어린 웃음을 띠우며 잘린 타조 머리를 흔들고 있는 황제 코모두스는 분명 위험할 정도로 경계의 저편에 서 있다. 디오는 그 일을 희극인 양 재미있게 묘사하고 있는데, 그것은 훗날 그때를 되돌아보고 있기 때문으로, 사실 그 자리에서는 모두 강한 공포감에 사로잡혀 메마른 웃음을 띄우고 있었을 것이다. 잘린 머리를 흔들고 있는 황제는 본인이 확실하게 죽어주지 않으면 웃음의 대상이 될 수 있는 것은 아니기 때문이다. 디오와 동료 원로원 의원들은 분명 극심한 공포감에 사로잡혔을 것이다. 그들의 공포감은 충분한 이유가 있었다. 경기에서 로마 황제들은 사회 관습을 유지하는 자로서 스스로의 중요성을 과시할 뿐만 아니라 완전한 면책권을 가지고 사회의 규칙을 무시할 수 있는 힘을 보여줌으로써 자신의 독재자로서의 지위를 과시했던 것이다.

황제는 강력했다(또는 강력해 보였다). 질서정연하게 줄지어 앉아 있는 군중이나, 아웃사이더라는 이유로 경기에서 살해당하는 자들과 달리, 황제는 마음 내키는 대로 행동할 수 있었다. 황제는 폭력과 질서를 구분하는 경계들을 마음대로 넘나들 수 있었다. 검투사로 분한 황제의 모습은 디오와 그 동료들에게 섬뜩함을 안겼다. 거기에서 원로원 의원들은 자신들의 지위가 취약하다는 것과, 자신들의 지위는 사회의 관습에 힘입어 유지될 뿐임을 알게 되었기 때문이다. 황제와 달리 원로원 의원들에게는 사회적 규범을 넘어설 자유가 없었다. 코모두스가 독재자로서의 권력을 강력하게 과시한 행위는 디오가 신분과 계급을 지키기 위해 지탱하고, 또 그가 의지해온 모든 것을 흔들어놓았다. 나중에는 지난 일이라며 웃을 수 있을지도 모르지만, 그 순간에 웃고 있는 사람은 황제 한 사람뿐이었다. 월계수 잎을 몰래 씹으면서 아무도 눈치채지 않기를 바라며 앉아 있는 미련한 원로원 의원들의 모습에 황제는 틀림없이 즐거워했을 것이다.

무엇을 하며 여가를 즐기는가? 이는 한 사회가 어떤 세상을 만들려고 하는지를 보여주는 중요한 지표이다. 원형경기장은 관중과 극적인 경기들을 통해 질서와 폭력을 모두 구가하는 장소였다. 로마 사회와 황제의 권력이 만인에게 과시되는 장소였다. 도시 한복판에서 군사중심주의에 근거한 사회의 구성원들이 평화로운 시대에도 계속해서 싸움을 벌이는 장소였다. 북부 유럽의 장대한 중세 교회들처럼, 원형경기장은 로마 제국의 수많은 도시의 경관을 특징지었다. 군대, 세금, 법률, 행정과 마찬가지로 원형경기장은 제국의 속주에 눈에 보이는 질서를 부여하고 유지시키는 데서도 한몫했다. 원형경기장이라는 한정된 공간 안에서는 피로 얼룩진 정복의 역사를 손쉽게 재연하여, (이번에는) 큰 갈채를 받을 수 있었다. 유혈이 낭자한 구경거리를 통해, 군중은 제국 곳곳에서 사회계층에 따라 '편대'를 이루며 안락한 고향을 떠나지 않고도 '원정'에 나설 수 있었다. 중요한 것은, 원형경기장 안에서 관중은 한 번도 패배를 맛보지 않았다는 사실이다.

한 무리의 순교자들

로마 사회는 삶과 죽음, 폭력과 질서, 사회와 그 적대자 같은 상반되는 요소를 원형경기장의 구경거리로 제공했다. 이런 공격적인 공간에서 많은 기독교도들이 자진해서 죽기를 바랐던 것이다. 순교라는 행위는 기독교에서 처음 나타난 것이 아니었고, 분명히 유대교가 선례를 보여준 바 있다. 그러나 기독교도들의 순교는 신앙이 없고 기독교에 적대적인 군중 앞에서 의도적으로 죽는 것이 중시되었다는 점에서 독특했다. 그리고 이 놀라운 행위는 어느 로마 도시에서나 가장 중요한 공공장소 가운데 하나에서 아주 암울하게 진행되었다. 순교는 원형경기장의 구경거리라는, 로마인들의 생활을 특징짓는 폭력과 질서가 복잡하게 뒤얽히는 축도와 직접 연결되어 있었다.

기독교도들의 순교가 유혈이 낭자한 구경거리였다는 것은 의문의 여지가 없다. 177년 리옹에서 한 무리의 기독교도들을 죽음으로 내몰았던 군중은 기독교도들이 고문대에서 찢기고, 철판 의자에서 그을려지고, 황소 뿔에 받히고, 굶주린 사자에게 갈기갈기 찢기는 것을 보며 갈채를 보냈다. 원형경기장에 질서 있게 앉은 잘 차려입은 군중이 주시하고 있는 가운데 기독교도들을 사자에게 던져주는 행위는 종교적 소수자에 대한 로마 다수파의 권력을 극적으로 보여주는 것으로 여겨

겼을 것이다. 그러나 균형감을 유지할 필요도 있다. 원형경기
장에서는 지중해 세계 전역에서 운반해온 맹수와 범법자들을
관중의 재미를 위해 차례차례 살해했다. 그 과정에서 소수의
기독교도들이 사자들에게 던져진 것인데, 그렇다고 하더라도
단지 기독교도라는 그 이유만으로 그렇게까지 흥분을 유발하
지는 않았을 것이다. 기독교도들은 끌려나와 야유를 받고 살
해되는, (사회가) 바라지 않는 자들로 이루어진 또하나의 집단
일 뿐이었던 것이다.

그러나 기독교도들에게 고통과 죽음이 따르는 순교는 결코
냉혹한 적에게 무릎을 꿇은 패배가 아니었다. 순교는 승리였
다. 로마인들이 자신을 과시하고 우월함을 보여주기 위해 선
택한 그 장소에서 되풀이된 순교는 로마인들에 대한 극적이
고 공공연한 저항의 몸짓이었다. 제국 도처에 거주하는 기독
교도들에게 순교는 신앙의 의미 있는 확인이며, 로마의 체제
를 경멸하는 자신들의 신념을 강력하게 표명하는 것이었다.
순교를 유효한 항의 행동이자 신자들을 결집시키는 계기로
만들기 위해서는 수많은 관중 앞에서 기독교 신앙을 선언하
고 끔찍한 공개처형을 당해 기억에 각인시키는 것이 무엇보
다 중요했다. 그러한 방식이 아니었다면 얼핏 비이성적으로
도 보이는 자기희생에 대한 갈망은 좀처럼 인정받지 못했을
것이다.

기독교도들은—변덕스러운 황제들처럼—검투 경기의 핵심에 있는 질서와 폭력의 균형을 깨뜨리기 위해 의도적으로 나섰다. 황제들이 스스로 현세의 이해관계와 관습을 초월한 존재임을 알리려고 했다면, 기독교도들은 오직 다가올 세상에만 관심이 있음을 높이 선언했다. 2세기 초에 시리아 안티오키아의 주교인 이그나티우스는 순교하러 가는 길에 단호히 천명했다.

시리아에서 로마까지 가는 여정 내내, 나는 맹수들과 싸우고 있습니다. 육지에서도 바다에서도, 밤에도 낮에도…… 불로도 십자가로도 맹수들과의 싸움으로도, 뼈가 부러지고 몸이 찢기고 온몸이 부서지는 고통으로도…… 내게로 와도 좋습니다. …… 나는 주의 밀알이며, 그리스도의 정결한 양식이 되기 위해 맹수들의 이빨에 갈리는 것입니다.

무엇보다 중요한 것은 가치관을 전복시킬 수 있는 순교의 힘이었다. 순교자들의 고난에 관한 유혈 낭자한 이야기들이 교회에서 낭독되었다. 기독교도들의 죽음이 이렇게 생생하고 적나라하게 이야기될 때마다 그들은 거듭 승리할 수 있었다. 150년대 중반에는 스미르나(지금의 터키 이즈미르)의 주교 폴리카르포스가 화형에 처해졌는데, 그 장면을 직접 목격했다는 기독교도는 이렇게 전하고 있다.

> 불길이 마치 바람에 불룩해진 배의 돛처럼 둥근 아치 모양으로 순교자의 몸을 감쌌다. 순교자는 그런 불길 한가운데서 타고 있는 육신이 아니라 구워지고 있는 빵처럼, 또는 화로에서 정련되고 있는 금이나 은과 같은 모습이었다. 거기서 우리는 마치 유향을 피우거나 값비싼 향료를 태울 때처럼 좋은 향내를 맡았다.

기독교도들의 순교는 로마 세계를 전복시켰다. 순교자의 처참한 육체는 기독교도들의 눈에는 아름답게 비쳤고 불에 탄 살내음은 달콤한 향기처럼 느껴졌다. 미화는 시복(諡福: 가톨릭에서 성인聖人으로 인정하기 전에 공식으로 공경할 수 있다고 교회가 인정하는 지위인 복자品福者品에 사후에 오르는 일―옮긴이)의 전단계로서 필요한 일이었다. 그리고 중요한 것은, 순교 행위에서 기독교도들은 항상 승리했다는 사실이다.

로마인의 반응

대체로 로마인들은 기독교도들을 손쉽게 희생시켜도 되는 하찮은 집단으로 여겼다. '리옹의 순교자들'이 저승으로 떠나고 25년 후, 2세기에서 3세기로 넘어가던 무렵에 로마 중심부의 팔라티누스 언덕에 있는 궁전 건물 벽면에 낙서가 새겨졌다. 당나귀 머리를 한 남자가 십자가형에 처해진 모습이었다. 그 옆에는 한쪽 팔을 올리고 기도하는 자세로 올려다보고 있는 인물이 그려져 있고, 그 아래에는 서툰 글씨로 (고대 그리스어로) '알렉사메노스가 신을 숭배하고 있다'라고 새겨져 있다. 이 낙서는 분명 기독교에 대한 고상한 비평이나 날카로운 비판은 아니지만, 메시지는 확실하다. 기독교도들은 웃음거리이다. 알렉사메노스는 어리석은 자다. 그가 숭배하는 신은 십자가형에 처해진 당나귀라는 것이다.

법률가로서 기독교로 개종한 미누키우스 펠릭스(Minucius Felix)는 기독교와 이교도의 가상의 대화를 담은 3세기 초의 저작에서, 기독교도들은 시시때때로 악의적인 비방에 시달렸다며 팔라티누스 언덕의 낙서와 비슷한 이야기를 전하고 있다.

기독교도들은 비밀 신호와 표시로 서로를 알아봤다. …… 내가 듣기로 그들은 터무니없이 무지한 자들의 생각에 따라 가장 천한 동물인 당나귀의 머리를 신성시하고 숭배한다. …… 신참자들의 입교 의식 이야기는 잘 알려진 만큼이나 역겹기도 하다. 아무런 의심도 하지 않는 입교자를 속이기 위해서 갓난아기를 반죽에 싸서 성스러운 의식에 임하는 사람의 옆에 놓는다. 새로 입교한 사

15. 기독교도들을 야유하는 낙서. 로마시 팔라티눔 궁전의 황실 노예 훈련소
　　(paedagogium)에서 발굴.

람은 반죽 표면을 세게 내려치도록 부추겨진다. 죄 없는 행위로 보이지만, 이렇게 해서 갓난아기는 살해되고 만다. 이런 잔학 행위를! 그들은 그 피를 덥석 받아 마시고 사지를 찢어발긴다.

이러한 모욕은 초기 기독교에 대한 묘사로든, 기독교도에 대해 일반 로마인들이 갖고 있던 이미지로서든 액면 그대로 받아들여서는 안 된다. (다만 인육을 먹는 것에 대한 비판은 그리 놀라운 것이 아닐지도 모른다. 기독교는 상징적인 차원에서 창시자의 살과 피를 섭취하는 것이 핵심 의례의 하나이기 때문에, 이러한 공격을 받을 법도 하다.) 이 이야기가 실제로 있었던 일인지 어떤지는 중요하지 않다. 중요한 점은 무엇보다 이것이 순전히 모욕이라는 것이다. 모욕이라는 것은 흔히 그렇듯이, 자타의 집단을 구분하는 경계를 강조하며, 집단의 결속력을 강화한다. 이는 중등학교 운동장을 떠올려보면 된다. 모욕적인 말을 들으면, 표적이 된 대상보다도 그런 말을 하는 자에 대해 더 잘 알게 된다. 기독교도들이 기괴하고 잔혹하고 반사회적인 의식을 벌인다고 비난하는 로마인들은 정작 자신들의 사회에서는 무엇이 받아들여질 수 있는지, 그것을 규정하고 있었던 것이다. 기독교도들에 대한 원색적인 비난을 통해 오히려 로마적인 것이 세워졌다고 볼 수 있다.

많은 로마인들이 가장 이해하기 힘들었던 것은 기독교도들이 순교 때 보여준 꿋꿋한 태도였다. 그들은 왜 로마 사회에 참여하여 제국의 은혜를 누리며 황제에게 마땅하고 적절한 존중을 표하는 것을 단호히 거부했을까? 물론 신앙에 고무되어 급기야 죽음을 택하는 순교자들의 모습도 이해하기 어려웠다. 질서정연한 시민사회의 근간을 이루는 세심하게 통제된 행렬이나 제례와는 대조적으로, 순교는 신앙을 공표하는 방법으로서는 혼란스럽고 호소력도 없었다. 그렇다고 하더라도, 대체로 로마 당국은 기독교도들을 찾아내 박해하는 일에 그리 큰 관심을 두지는 않았다. 2세기 초에 소(小)플리니우스는 비티니아-폰투스 속주의 총독으로 있는 동안 그러한 딜레마에 직면했다. 우선 그는 기독교도들이 여는 비밀스러운 모임과 공동 식사에 더 사악한 목적이 있다고 의심했다. 플리니우스는 조사를 시작했고 신앙의 포기를 거부하는 기독교도들 몇 명을 적절한 절차에 따라 처형했다. 그러나 마녀사냥식 박해해서 자주 나타났듯이, 그동안 쌓인 한을 풀려는 저의에서 비롯된 고발이 크게 증가했다. 그다음에는 플리니우스에게 기독교도로 지목된 사람들의 이름이 적힌 익명의 문서가 전달되었다. 이런 상황이 되자, 플리니우스로서는 조사를 시작한 것 자체를 후회했을지도 모른다. 플리니우스는 황제의 지시를 청하게 되었고, 트라야누스의 회답은 간단하고 의미심장했다. 황제는 그에게 손을 떼라고 지시했다. 기독교도들을 무리하게 색출하려 해서는 안 되고, 그들에게 신앙을 부인할 모든 기회를 주어야 하며, 신앙을 버린 자들은 사면해야 하고, 익명의 고발은 어떤 경우에도 무시해야 한다고 했다.

리옹의 순교가 있고 3년 후인 180년, 카르타고의 로마 총독 앞에 또다른 기독교도들이 끌려왔다. 그들의 지도자는 스페라투스라는 자였다. 이를 목격한 기독교도가 이 재판의 전말을 기록으로 남겼다.

총독: 너희들은 제정신으로 돌아오기만 하면, 황제 폐하의 관대한 처분을 마땅히 받을 수 있을 것이다.

스페라투스: 저희들은 나쁜 짓을 한 적이 없습니다. 부정한 일에 가담한 적도 없고, 저주의 말을 입에 담은 적도 없습니다. 오히려 저희들의 (진정한) 황제(인 신)를 존경하기 때문에, 학대를 당했을 때도 감사를 올렸습니다.

총독: 우리 역시 신앙심이 있는 사람들이다. 우리의 신앙은 간단명료하다. 황제 폐하께 맹세하고, 황제 폐하의 안녕을 기원한다. 너희들도 그렇게 해야 한다.

스페라투스: 저는 이 세상의 제국을 인정하지 않습니다. 오히려 누구도 본 적이 없고, 이 (육체의) 눈으로 볼 수 없는 그 신을 섬깁니다.

총독: 너의 신념을 버려라.

스페르투스: 그리하는 것은 사악한 일입니다.

총독: 기독교도로 남기를 고집하느냐?

스페르투스: 저는 기독교도입니다.

총독: 생각해볼 시간을 원하지 않느냐?

스페르투스: 옳다는 것이 이렇게 분명하니 더는 생각해볼 것이 없습니다.

총독: 30일의 유예를 줄 테니 심사숙고해보거라.

스페라투스: 저는 기독교도입니다.

스페라투스의 발언이 점점 체제전복적으로 되어가자, 총독은 여전히 내키지는 않았지만 그를 처형하라고 명령할 수밖에 없었다. 이 사료는 우리에게 많은 것을 알려준다. 적어도 일부 로마인들에게 기독교도들은 종종 시끄러운 방식으로 관심을 끌려고 하는 반사회적 집단으로 여겨질지도 모르는 존재였다. 스페라투스의 재판에서 드러나듯이, 로마인들이 그들에게 무관심했기 때문에 많은 기독교도들은 사자에게 물려 순교하기 위해서 상당한 애를 써야만 했던 것이다.

대개 기독교도들은 로마 사회의 가장자리에 머물면서 사람들의 의식에서도 한쪽 구석으로 밀려나 있었다. 180년대 후반, 속주 아시아의 총독 가이우스 아리우스 안토니누스(Gaius Arrius Antoninus)가 재판을 열고 있는 중에, 흥분한 사람들이 소요를 일으킨 사건이 있었다. 그들은 자신들이 모두 기독교 도들이라고 선언하고, 총독이 지체 없이 자신들 전원에게 사형선고를 내리기를 기대한다고 밝혔다. 안토니누스는 그들의 요구를 들어주어, 몇 명을 처형장으로 끌고 가게 했다. 그러나 나머지 기독교도들이 같은 요구를 더욱 강력하게 하자, 총독은 격노하여 이 신앙심 깊은 군중에게 소리쳤다. "가증스러운 자들이로구나. 너희가 정 그렇게 죽고 싶다면, 절벽에 몸을 던져도 될 것이고, 밧줄에 목을 매달아도 되지 않겠느냐?"

또 중요한 것이 있다. 전통적 종교를 믿고 있던 로마인들은 기독교도들을 매도하거나 처형하거나 혹은 단순히 무시했는데, 이는 로마인들이 이 새로운 종교의 핵심 가운데 하나를 놓쳤음을 말해준다(혹은 그들은 그런 일에 관여할 여유가 없었을 뿐인지도 모른다). 기독교도들을 범죄자나 강도, 불량배 대하듯 했기 때문에, 로마인들은 기독교라는 새로운 조류가 가지고 있는 예외적인 특징을 제대로 인식할 수 없었다. 기독교는 (분명히) 하나의 종교였다. 그러나 무엇보다도 경전을 중심으로 한 종교였다. 로마인들이 이상하고 이국풍이지만 부인할 수 없이 오랜 전통을 지닌 미신이라고 여긴 유대교처럼, 기독교 역시 신의 말씀이라고 믿어진 일련의 신성한 텍스트에 근거하는 종교였다. 경전에 의거하고 있다는 이 사실이야말로 기독교를 돋보이게 하는 특징이었다. 그 점에서 기독교는 국가의 지원에 의한 박해로 산산이 부서져버릴 것 같은 반사회적 조직 이상의 존재였던 것이다.

성경의 정전(正典)을 확립하는 것은 초기 기독교에 매우 중대한 일이었다. 신약성경은 처음부터 완전한 형태로 등장했던 것이 아니다. 예수의 탄생 이후 두 세기 동안 다양한 판본들이 나타났고, 신에 대해 서로 다르게 서술하려는 시도들로 열띤 공방이 벌어졌다. 이 논쟁의 핵심 인물 중 한 명이 마르키온이다. 2세기 초에 로마에서 활약했던 그는 구약성경의 유대교 신은 기독교의 신과 동일하지 않다고 주장했다. 마르키온은 『대립론』이라는 저작에서, 두 신의 차이가 너무도 크다는 것을 명확히 보여주려고 했다. 모세의 신은 아담과 이브를 창조했고, 그럼으로써 악이 세상에 들어오게 했다. 마르키온의 생각에 따르면, 유성생식이라는 부끄러운 생식 방법, 임신의 불편함, 출산의 고통이 만들어진 것도 유대인의 신 탓이다. 이 구약성경의 신은 선한 자비의 신과는 거리가 멀다. 구약의 예언자 엘리샤는 자신을 놀린 아이들에게 격노하여, 곰으로 하여금 신의 이름으로 아이들을 해치도록 했다. 또한 신은 정오의 해를 멈춰서 여호수아가 좀더 철저하게 아모리인들을 학살할 수 있도록 거들었다. 신의 무지는 에덴동산의 아담에게 던진 말에서 잘 드러난다. "아담아, 너는 어디 있느냐?" 마르키온의 말에 따르면, 이런 질문은 전지전능한 신이라면 던질 리 없는 것이었다. 그런 신이 기독교도들의 구원을 보증할 수는 없다. 냉혹한 심판과 징벌, 복수에 대한 요구 때문에, 계시를 내리는 구약성경의 창조신은 해방의 은총을 약속하는 신약성경의 신과 구별된다.

마르키온의 생각에, 복음서의 저자들은 이러한 구분을 충분히 인식하지 못했다. 그래서 이러한 구분을 명확히 하기 위해서 복음서들을 전면 재편집할 필요가 있었다. 마르키온이 새로 편집한 성경에서는 예수 탄생에 관한 이야기가 완전히 배제되었다. 그의 관점에 따르면, 신이 여자의 몸에서―처녀든 아니든―탄생한다는 것은 있을 수 없는 일이었다. 복음서가 넷이나 있는 것 역시 불필요한 모순을 낳는다고 그는 주장했다. 마르키온은 마태복음, 마가복음, 요한복음을 없애고 누가복음을 남겼는데, 그마저도 부적절한 대목을 삭제한 것이었다. 여기에 사도 바울의 서신들을 추가했다. 말할 것도 없이, 마르키온의 생각은 정통으로서 받아들여지지는 않았다. 144년, 로마 교회는 그를 파문했다. 놀라운 일도 아니다. 결국 마르키온의 시도는 이 새로운 종교의 핵심을 겨냥하고 있었다. 기독교가 경전에 의거하는 종교라면, 그 경전은 과연 어떤 것이어야 하는가?

어떠한 방식으로든 신성을 규정하는 경전의 수립을 둘러싼 논의는 기독교도들 이외에서는 거의 무시되었다. 카르타고의 총독 앞에 섰을 때, 스페라투스는 가방을 끼고 있었다. 총독이 "그 안에 무엇이 들어 있느냐?"라고 묻자, 스페라투스는 이렇게 대답했다. "경전과 의로운 사람 바울의 서간입니다." 총독은 더이상 관심을 보이지 않았다. 이러한 문서들의 중요성이 이해되기 시작한 것은 3세기 말에 이르러 기독교 교회가 넓은 지역에 걸쳐 제도를 갖춘 조직이 되면서부터였다. 303년에 이루어진 기독교도들에 대한 또다른 소송 기록은 로마 당국이 경전을 추적하고 있었음을 보여준다. 키르타(오늘날 알제리의 콘스탄틴)의 도시 참사회 수장인 펠릭스는 현지 교회의 하급 성직자인 카툴리누스와 마르쿠클리우스를 심문했다.

펠릭스: 가지고 있는 경전을 내놓아라. 우리가 황제 폐하의 지시와 명령에 따를 수 있도록.

(카툴리누스가 상당히 두꺼운 책 한 권을 내놓았다.)

펠릭스: 왜 한 권밖에 내놓지 않느냐? 가지고 있는 경전들을 다 내놓아라.

카툴리누스와 마르쿠클리우스: 이것 말고는 없습니다. 저희는 차부제(次副祭)에 불과합니다. 독서자(讀書者)들이 경전을 가고 있습니다.

펠릭스: 그러면 독서자들을 이리로 데려오거라!

카툴리누스와 마르쿠클리우스: 그들이 어디 사는지 저희는 모릅니다.

펠릭스: 어디 사는지 모른다면, 그자들의 이름을 대라.

카툴리누스와 마르쿠클리우스: 저희는 배신자들이 아닙니다. 저희를 처형하라 명령하십시오.

펠릭스: 저들을 구속하라.

이것은 순교의 이야기가 아니다. 압박이 가해지고, 차부제들은 마음을 바꾼다. 결국 참사회 수장은 독서자들의 거처를 파악하고, 여러 권의 종교 문서를 확보하고서야 물러났다.

이러한 소송은 디오클레티아누스 황제가 가한 기독교 박해의 일부였다. 황제의 이같은 박해는 로마 정부가 기독교에 대응하고자 한 조치 중에서도 가장 효과적인 것이었다. 사람을 처벌하기보다는 경전을 압수함으로써 이 새로운 종교의 급소를 찔렀던 것이다. 후대의 기독교 저술가들이 이 시대를 '대박해'의 시대라고 부른 것도 수긍이 간다. 그러나 결국 교회는 살아남았다. 디오클레티아누스에게는 기독교 박해보다 우선시해야 할 일들이 산적해 있었다. 3세기 말에 이르면, 교회도 긴밀하게 연결된 강한 조직이 되어 있었다. 로마 당국으로부터 서적을 제출하라는 요구를 받아도, 가짜 책자를 경전이라고 속여 대응할 수도 있었다. 그러나 대박해의 교훈은 중요했다. 그것을 통해, 기독교가 문자로 쓰인 말에 기초하는 종교임이 백일하에 드러나, 특히 디오클레티아누스의 명령을 실행할 임무를 맡은 제국 관리들에게는 그것이 깊은 인상을 남겼다.

이 교훈을 황제 콘스탄티누스는 놓치지 않았다. 디오클레티아누스 황제의 대박해 이후 10년이 지난 312년에 콘스탄티누스 황제는 기독교를 포용한 최초의 로마 황제가 되었다. 기독교를 공적으로 지원하고자 하는 콘스탄티누스에게 중요한 과제들 가운데 하나는 이후의 기준이 될 만한 신앙의 토대를 확실하게 마련하는 일이었다. 그의 목표는 성경의 내용과 구성을 둘러싼 논쟁을 끝내고 기독교의 신을 분명하게 정의하는 것이었다. 콘스탄티누스는 놀랄 만한 성공을 거두었다. 그리스도의 신성을 둘러싼 첨예한 논쟁에 직면한 황제는 지중해 세계 전역의 모든 교회의 주교들을 소집해 공의회를 열었다. 325년 6월, 오늘날 터키 북서부의 니케아라는 호반 도시가 공의회의 무대가 되었다. 이곳에서 '니케아 신조'를 채택할 수 있었던 것은 니케아 공의회에 참석한 기독교 지도자들에게 콘스탄티누스 황제가 강제한 결과라고 보는 것이 타당한 이해일 것이다.

우리는 한 분의 하느님을 믿는다. 그분은 전지전능한 아버지, 하늘과 땅, 보이는 것과 보이지 않는 것을 포함한 만물의 창조주이시다. 그리고 한 분의 주 예수 그리스도를 믿는다. 그분은 하느님의 외아들이시며, 온 세상보다 먼저 아버지에게서 나셨으며, 하느님에게서 나신 하느님이요, 빛에서 나신 빛이요, 참 하느님에게서 나신 참 하느님이시다. 만들어진 것이 아니라 나셨고, 만물을 창조하신 아버지와 본질에서 동일하시다.

이 신조는 현대 기독교의 모든 주요 교파에서 신앙을 고백하고 선언하는 기본 신조로 계속 사용되고 있다. 니케아 신조는 신약성경 어디에서도 찾을 수 없다. 이것은 훨씬 후대에 교회를 하나의 제도로 정착시키는 수단으로서 기독교를 하나의 신앙 체계로 정비하려는 움직임에서 나온 결과물이다.

황제의 신앙을 공유하지 않는 많은 사람들에게 콘스탄티누스가 기독교 신앙을 공개적으로 고백한 것은 틀림없이 놀라울 뿐만 아니라 달갑지 않은 소식이었을 것이다. 많은 로마인들이 지난날을 되돌아보며 기독교에 무심했던 것을 후회했을지도 모른다. 분명 더 많은 기독교도들을 더 많은 사자들에게 던져주었으면 좋았을 것이라고 생각한 사람들도 있었을 것이다. 그러나 그들이 기독교도들을 범죄자처럼 본 것은 기독교의 핵심을 놓친 것으로, 기독교가 근본적으로 언어, 서적, 즉 말씀=성경에 근거하고 있다는 사실을 가려버렸다. 또한 그럼으로써 자신의 신앙만이 옳다고 독선적으로 확신하는 종파의 성장을 막지 못했다. 그 종파는 순교자들의 영광, 그것도 로마

도시를 상징하는 가장 중요한 장소의 하나인 원형경기장에서 학살된 순교자들의 영광을 찬미함으로써 스스로의 독자성을 획득하고 지지자도 늘려갔다. 돌이켜보면, 기독교도들을 그 냥 내버려두었으면 더 좋았을 것이다. 그들을 사자에게 던져 주는 것은 분명 좋은 오락거리였겠지만, 결국에는 역효과를 낳았다. 만약 1~2세기에 로마 당국이 기독교 탄압에 정말로 관심이 있었다면, 개개의 기독교도들을 잡아들일 것이 아니 라 그들의 경전을 압수해 태워버리는 쪽이 전략상 훨씬 더 효 과적이었을 것이다.

제 6 장

로마인의
삶과 죽음

로마인의 집을 들여다본다

메난드로스(Menandros)의 집은 폼페이에서도 가장 고급스러운 저택 가운데 하나였다. 도시의 남쪽 구역에서 한 블록의 절반 이상을 차지하고 있으며, 포룸과 원형경기장 중간쯤에 위치하고 있었다. 저택의 규모(약 1,700제곱미터), 화려한 장식, 세심하게 계획된 공간의 배치, 값비싼 가구는 모두 소유주의 재산과 취향을 말해주었다.

폼페이와 헤르쿨라네움(두 도시 모두 남부 이탈리아의 나폴리와 가깝다)에서 이루어진 발굴로 확인된 주거는 우선 보존 상태가 매우 좋다는 점에서 주목할 만하다. 이로써 당시의 부유한 로마인들이 어떻게 살았는지 더 면밀히 이해할 수 있는 것이다. 79년 8월 말에 베수비우스 화산의 폭발로 쏟아져내린 화산재는 폼페이 시를 두텁게 뒤덮어버렸다. 메난드로스의 집도 이 화산재 밑에 봉인되어 타임캡슐로 묻혀버렸다. 고대 로마의 한순간이 영원히 정지되었던 것이다.

이 저택은 방문객에게 깊은 인상을 주도록 설계되었다. 방문객은 커다란 현관(벽기둥으로 장식되어 있고, 높이는 4.5미터)으로 들어서면 바로 공간의 웅장함에 압도된다. (바닥 면적 73제곱미터에 2층 높이인) 현관 마당(atrium)은 넓고 통풍이 잘 된다. 지붕의 천창(天窓, compluuium)은 돌고래 모양의 테라코타로 된 물받이가 둘러싸고 있다. 비가 오면 빗물이 아래에 있는 하얀 대리석으로 된 수반(水盤, impluuium)으로 소리를 내며 떨어져 내려 지하에 있는 수조로 들어간다. 방문객은 현관에서부터 40미터 안쪽까지 집안을 들여다볼 수 있다. 초입의 아트리움을 지나, 양쪽에 열주를 세운 안마당(tablinum), 그리고 그 너머에 주랑으로 둘러싸인 옥내 정원의 안쪽까지 시선이 가게 된다.

이러한 조망은 착시를 유발해 저택 내부가 안쪽으로 훨씬 더 깊어보이게 치밀히 고안된 것이었다. 현관 마당에서 가장 가까운 열주(타블리눔 입구에 있는)의 높이를 안쪽의 열주(주랑의 북측 부분)보다 높게 하고, 가장 안쪽에 있는 열주(정원의 남측 주랑)는 더 촘촘하게 배치하고 낮은 벽으로 하부를 가림으로써 실제보다 짧고 더 멀리 있는 것처럼 보이도록 했다. 이렇

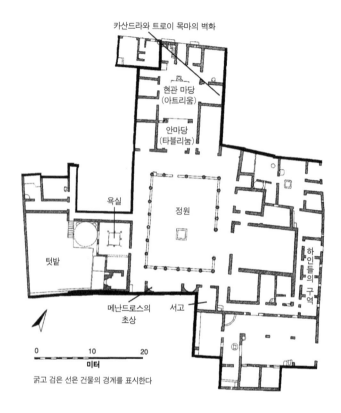

카산드라와 트로이 목마의 벽화

현관 마당
(아트리움)

안마당
(타블리눔)

욕실

정원

텃밭

하인들의 구역

메난드로스의
초상

서고

0   10   20
미터

굵고 검은 선은 건물의 경계를 표시한다

16. 폼페이에서 발굴된 메난드로스 저택의 평면도.

게 해서 방문객의 시선은 빛과 그늘이 교차하는 공간(빛이 천창을 통해 들어오는 아트리움, 어두운 타블리눔, 밝은 노천 정원, 지붕의 그림자가 지는 주랑)을 지나 정원 둘레의 낮은 벽에 그려진 초목과 야생동물들로 쏠리고, 마지막으로 인근 산봉우리들이 보이는 실제 경관 속으로 옮겨간다.

이렇게 정교한 시각적 장치들은 세심하게 디자인된 장식에서도 강조되었다. 현재 남아 있는 장식의 대부분은 62년에 일어난 대지진 이후 몇 년 동안 이루어진 보수나 개축에 의한 것이다. 개보수 작업은 천천히 진행되었다(아마도 숙련된 노동력이 모자랐기 때문일 것이다). 지진으로부터 거의 20년 후에 베스비우스 화산이 분출하기 직전만 해도 아직 인부들이 작업을 하고 있었음을 확인할 수 있다. 그때까지 주요 공간들은 최신 양식으로 새롭게 단장되었다. 아트리움의 벽면은 회반죽을 바르고 패널 모양으로 구획했는데, 각 패널의 중앙은 붉은색으로, 테두리는 노란색으로 칠해져 있었다. 이러한 장식은 타블리눔에서는 반대로 패널의 중앙이 노란색, 테두리가 붉은색이었다. 아트리움의 붉게 칠해진 패널 중앙에는 연극용 가면이 정교하게 그려져 있고, 노란색 부분에는 새와 과일, 물새들이 노는 아름다운 장면이 묘사되어 있었다. 또한 그 위쪽의 패널들에도 상상 속의 풍경이나 전원의 대저택이 그려져 마치 화집 같은 느낌을 풍겼다.

17. 아트리움에 서면 저택 안쪽의 정원이 눈에 들어온다. 폼페이에서 발굴된 메난드로스의 집.

아트리움 동측의 방(폭 3.45미터, 길이 3.75미터)에 있는 패널들은 벽면 패널의 중앙이 노란색, 테두리가 붉은색으로 칠해져 있었는데, 각 패널 사이에는 벽감이 장식되어 있어 마치 이 벽감에—여기에서도 착시를 유발하는 교묘한 세공이 가해져 있었다—정교한 그림이 짙은 자주색 '액자'에 넣어져 '걸려 있는' 것처럼 보였다. 3점의 회화는 모두 카르타고에 도착한 망명자 아이네아스가 디도의 궁정에서 생생하게 들려준 트로이 함락과 관련한 장면을 보여준다. 방으로 들어서면 정면 벽에 트로이의 군중이 환호하며 목마를 도시 안쪽으로 끌고 들어가는 장면이 그려져 있다. 멸망할 자신들의 운명에 신경쓰지 않고, (거칠게 끌려가버린) 여신관 카산드라의 경고도 무시한 채, 트로이인들은 성벽에 난 틈새를 통해 트로이 안으로 목마를 끌어들이려 하고 있다.

이 회화 작품들은 물론 아름답다. 값비싼 장식은 보기에 좋다. 그러나 그것들은 방문자들의 교양 수준을 시험하기도 했다. 전체의 테마가 베르길리우스의 『아이네이스』(특히 2권)를 전반적으로 참조했음을 이해했을까? 나아가 교양 수준이 더 높은 사람이라면 장인이 (아마도 세세한 지시에 따라) 베르길리우스의 본문 내용과 다르게 묘사한 부분을 구별해낼 수 있었을까?(『아이네이스』에서 카산드라는 트로이 성 밖이 아니라 안에서 목마의 반입을 반대한다.) 저택 주인의 문학 취향은 정원 주랑의

18. 폼페이 메난드로스 저택의 벽화. 아트리움 옆의 벽감에 그려진 카산드라와 트로이 목마의 이야기.

안쪽, 즉 남측 벽의 장식에서도 드러난다. 거기에 있는 3개의 큰 벽감 중에서 한가운데의 벽감에 3명의 위대한 극작가들의 이상화된 초상이 그려져 있다. 그중 누구인지 분명히 알 수 있는 극작가는 앉아 있는 모습의 메난드로스뿐이다. 그는 기원전 4세기 초의 유명한 그리스 희극작가로, 오늘날 우리는 이 저택을 그의 이름을 따서 메난드로스의 집이라 부르고 있다.

이러한 것을 이해할 수 있는 사람에게 정원이나 벽화, 주랑은 분명 지적 의미를 지닌 것이었다. 여기에는 부유한 자산가의 집에서 열리는 문학 모임을 연상할 수 있는 것들, 즉 홀로 면학에 몰두할 수 있도록 차단된(그에 걸맞게 극작가의 초상으로 장식된) 조용한 공간, 독서와 토론을 위한 주랑, 낭독회를 위한 넓은 방(그에 어울리게 주랑 한쪽으로 자리잡은 적당한 규모의 방들), 그리고 서고(아마도 정원의 세 벽감을 보면 바로 왼쪽 방이었을 듯한데, 무늬가 없고 하얀 회반죽을 바른 벽에 구멍이 나 있어, 3면의 벽에 서가가 만들어져 있었을 것으로 생각된다)가 있다. 정원 옆에 있는 작은 규모의 독립된 욕실은 문명의 호사로움을 더해준다. 여기에서도 저택 주인은 자신이 좀더 상위의 특권을 누리는 세계와 연결되어 있음을 내비친다. 메난드로스의 저택은 (아트리움의 벽에 묘사된 것과 같은) 전원의 대저택에서 찾아볼 수 있는 시설들을 그대로 축소해서 제시한 것이었다. 또한 건물과 장식에 내포된 문학적인 취미에서도 주인이 저택의 이런 공간들에서 어떤 부류의 손님을 접대하려 했는지 알 수 있다. 세련되고, 부유하고, 교양 있고, 여가를 즐길 여유를 가진 사람들이었던 것이다. 또한 주인은 마치 이 정도의 문학 취미는 당연한 것인 양 행세하는 손님을 이런 공간에 안내해 손님의 자존심을 세워주려 했는지도 모른다.

메난드로스의 저택은 우아하게 설계되었다. 절묘한 공간 배치는 방문객을 끌어들이며, 그들에게 인정받으려 하고, 한편으로는 그들의 사회적·문화적 수준을 체크해보려는 의도도 엿보인다. 저택의 장식을 해석하는 데는 교양이 필요했을 것이다(잠자코 감상만 하는 영리한 방문객도 있었을 것이다). 이러한 '시험'은 조심스레 등급을 매길 수 있었다. 가벼운 목재 칸막이로 저택의 어떤 구역을 방문객들이 볼 수 없게 하거나, 그 반대로 특별한 방을 보여주어 손님을 기쁘게 해주고 특권적인 기분까지도 안겨주었을 것이다. 벽에 붙어 있는 장치에서는 트로이 함락 장면이 그려진 방 같은 공간을 차단할 수도 있었음을 알 수 있다(타블리눔 입구처럼). 타블리눔과 주랑 사이에서는 나무로 된 접이식 문을 지지하는 청동제 사각 축과 경첩이 발견되었다. 아트리움에서 정원 맨 안쪽 벽의 중앙 벽감까지는 일직선으로 한눈에 볼 수 있는 것은 아니었다. 저택 안은 더운 여름 몇 달 동안, 그것도 각별한 손님이 왔을 때만 조망이 훤히 열렸을지도 모른다.

신중하게 배치된 물리적 장벽 외에도, 노예나 하인들도 저택을 지키고 있었다. 방문객은 먼저 문지기(ostiarius/atriensis)를 만나게 된다. 문지기는 현관 왼편의 아무 장식도 없는 작은 방에 기거했다. 손님을 안으로 모시거나 혹은 그 이상 들어가지 못하게 하는 하인도 있었을 것이다. 집주인이 정해놓은 공간으로 손님이 들어가면, (말 그대로 '이름을 부르는 자 nomenclator'로서) 주인에게 손님의 당도를 알리는 하인이 손님의 당도를 알렸다. 손님은 하인들이 일하는 공간에는 발을 들이지 않았다. 메난드로스의 저택에서는 그것이 확실하게 구분되어 있어서, 정원 주랑의 동측으로 난 긴 복도와 계단을 지나면 하인들이 일하는 구역으로 이어졌다(거리에서 직접 들어설 수 있는 입구도 있었다). 정원 서측으로부터도 도중에 꺾이는 긴 복도가 있어서 부엌으로 통했다. 부엌은 잘 갖춰져 있었다. 화덕은 돌로 잘 마감된 덮개로 유지되었고, 구석에는 커다란 개수대가 있는데 거기에서 흘러나오는 하수는 옆방의 화장실로 빠져나갔다. 복도를 따라 아홉 계단을 내려가면, 허브나 채소를 기르는 둥그런 텃밭이 나왔다. 당연하게도 이러한 구역과 저택의 중심부 사이에는 낙차가 있었다. 부엌이나 하인들의 구역은 세심하게 감춰졌다(여기에서는 매력적인 조망 따위란 없다). 벽에 거친 회반죽을 바른 것 말고는 장식도 없다. 응접 공간의 화려함에 비하면, 이 공간들은 눈에 드러나지 않도록 설계되었다.

그러나 하인들이 일하는 구역이 주로 구석진 공간이었다고 해도, 예를 들면 빅토리아 시대의 대저택과는 달리, 모든 가사일이 눈길에서 완전히 감춰져 있었던 것은 아니다. 메난드로스의 저택에서는 주랑이 밖에서 음식을 만드는 경우에도 사용되었다(화덕의 잔해가 발견되었다). 게다가 주랑은 저장고로도 이용되었다. 방문객이 와도, 주랑에 놓아둔 술이나 올리브유 항아리를 굳이 치우려 하지 않았던 것이다. 그것보다 중요한 것은 손님이 들어설 수 있는 범위를 세심하게 규제하는 일이었다. 그러한 관점에서 보면, 메난드로스의 저택은 사회적인 지위를 반영하는 서열이 분명히 정해져 있었다. 어떤 방문객은 아트리움보다 더 안쪽으로는 들어갈 수 없고, 정원을 잠깐 들여다볼 수도 없었을지 모른다. 또 어떤 방문객은 반갑게 안내되어 주랑에서 열린 모임에 참석하기도 했을 것이다. 더구나 특별히 환대받은 손님은 고상하게 꾸며진 작은 방에서 친밀한 대접을 받았을 것이다. 안타깝게도 이 아름다운 저택의 주인이 어떤 인물인지는 알려진 바가 없다. 하지만 자산 규모만 보더라도 분명 폼페이의 엘리트층에 속해 있었을 것이다. 다른 부유한 친구들처럼, 이곳의 주인은 자신의 사회적 지위를 보완하는 동시에 강화해주기도 하는 저택을 소유하고 있었던 것이다.

제6장 로마인의 삶과 죽음

　엘리트층의 저택은 결코 외부의 경쟁 사회를 등진, 고립된 사적 공간으로서 지어지지 않았다. 로마 제국 각지의 도시에 있던 저택은 오히려 사람들의 이목을 집중시킬 모종의 무대장치 역할을 맡고 있었다. 그곳에서 저택의 주인은 선택된 관객 앞에서 자신을 의도적으로 연출하여 경쟁을 더욱 부채질할 수 있었던 것이다. 메난드로스의 저택은 적어도 남부 이탈리아의 중간급 도시를 지배하는 소수의 상류층 사이에서는 방문객들에게 분명 깊은 인상을 주었을 것이다. 그러나 이 건물이 아무리 교묘하게 설계되고 문학 취미가 호사스러웠다고 해도 진정한 자산가는 이 저택을 높게 평가하지 않았을 것이다. 그들은 당당한 전원주택을―벽에 그려진 그것으로가 아니라―실제로 소유하고 있었기 때문이다. 기껏해야 진정으로 세련된 생활양식의 호화로움을 모방한 것에 대해 그 자산가들은 너그럽게 미소지었을 것이다. 최악의 경우에는 메난드로스 저택의 소유자가 자신의 경험이나 재력으로는 감히 넘볼 수도 없는 상류 사회를 겨우 흉내만 낸 저속한 짓을 했다고 여겼을지도 모른다.

삶의 실상

오늘날의 여행자 중에는 폼페이나 헤르쿨라네움의 저택들

을 둘러보거나, 에페소스, 아프로디시아스, 렙티스 마그나 또는 보존이 잘된 지중해 세계의 다른 유적지 어딘가를 생각에 잠겨 걸으면서, 로마 제국 주민의, 적어도 그 일부 사람들의 생활이 의외로 자신들의 생활과 비슷하지 않은가 하고 느끼는 사람이 많을 것이다. 폼페이 같은 도시들은 고대 세계의 일상생활과 (훨씬 더 인상적인) 지극히 평범하고 누구에게나 익숙한 면모를 상당히 많이 드러내고 있는 듯하다. 고급스러운 안뜰에서 부엌의 개수대와 채마밭까지, 천천히 건축 공사를 진행하는 인부들에서 세심하게 신경써서 저택을 꾸미고 손님들에게 깊은 인상을 주려고 애쓰는 집주인까지. 그러나 메난드로스의 저택을 생각해봐도 분명해지듯이, 좋은 의도로 감정이입을 해보려는 그러한 시도에도 분명 한계가 있다. 고대인의 매우 인간적인 행동에는 지금의 우리들과 가까운 면이 있는 것처럼 보일지라도, 그들의 행동은 그들의 관습이나 감성, 이상에 비추어 이해해야만 한다. 그런 점들에서 로마 사회와 산업이 발달한 21세기 초의 선진 세계는 근본적으로 달라져 있기 때문이다.

로마 제국은 질병과 죽음으로 고통받았다. 평균 수명은 20~30세로, 오늘날 서양화된 사회의 평균에 비하면 약 3분의 1밖에 안 되었다. 이러한 숫자의 산출은 고대의 사료에 직접 의거하기가 어렵다. 고대의 사료는 불완전하고 내용도 빈약한 것이 많기 때문이다. 그래서 발전도상국에서 나타나는 일반적인 추세를 로마 제국도 따른다고 보는 것이 타당하다고 상정하고 산출이 이뤄지고 있다. 예컨대, 20세기 초반의 인도와 중국의 경우가 잘 알려져 있다. 이 방법을 사용함으로써 적어도 그 상한과 하한은 볼 수 있다. 즉, 평균 수명이 20세 미만인 경우에는 인구가 급격히 감소했을 것이고, 반대로 평균 수명이 30세 이상인 경우에는 환경적·사회적·경제적 조건이 비슷한 전근대 사회보다 로마는 인구가 안정된 사회였을 것이다. 인구학적으로 더 성공할 가능성이 있었다.

통계학적인 모델은 인구를 이해하는 데 유익한 지표 역할을 할 수 있다. 그것에 의해 세대 구성, 출생률과 사망률을 추측할 명확한 틀을 얻을 수 있는 이점이 있다. 하지만 그런 추상적이고 일반적인 모델은 개연성을 반영하는 데 불과하다는 점도 주의해야 한다. 당연히 모델은 개별적 결과를 평균화하고 사회집단의 차이로 인한 변동을 간과해버린다. 이러한 개개의 특징은 개별 조사에 의해 좀더 명료하게 나타난다. 예를 들면, 로마 시대의 묘지에서 발굴된 인골의 분석(어린이에 비해 어른의 뼈가 보존 상태가 더 나은 경우가 많다), 묘비에 새겨진 사망 연령의 데이터화(사망 연령이 사실과 다르게 새겨져 있어, 결국 조사 결과가 실제의 사망률 패턴이 아니라 사망자의 명예를 기릴 때의 문화적 선호 쪽을 강하게 반영하는 경우도 있다) 같은 조사

등이다.

　로마 제국에 가장 일반적으로 적용되는 '생명표 모델'은 통상 '서형(西型) 제3레벨'이라고 불린다. 이 모델은 인구의 증감이 없고(즉 인구증가율이 제로이고 연령 구성에 변함이 없는 상태) 인구의 경년 변화가 없는(즉 이민이나 전염병의 영향을 받지 않는 상태) 것을 전제한다. 아래의 〈표〉에서 왼쪽의 2개 열은 개념적으로 설정한 10만 명의 여성집단의 변화를 출생부터 85세까지 5년마다 기록한 것이고, 셋째 열은 각 시점에서의 평균 잔여 수명을, 넷째 열은 각 연령층이 전체 인구에서 차지하는 비율을 보여준다.

　여기에서 눈에 띄는 특징이 부각된다. 이 모델에 따르면, 출생한 영유아 가운데 절반만이 5세까지 생존한다. 사망률은 출생 직후의 수개월 동안이 가장 높아, 신생아 가운데 약 3분의 1이 생후 1년이 되기도 전에 사망한다. 5세까지 생존한 아이들은 평균 40년을 살 수 있게 된다. 이처럼 높은 사망률로 인해 청년층을 중심으로 한 인구 구성이 나타난다. '서형 제3레벨'의 평균 연령은 여성이 27.3세, 남성이 26.2세이다. 바꿔 말하면, 인구의 40퍼센트 이상이 20세 미만이며, 65세 이상은 인구의 겨우 4퍼센트에 불과하다. 다시 말하지만, 이러한 수치들이 정확하다고 주장할 수는 없고, 오히려 더 넓은 가능성의 하나로 보아야만 한다. 그렇다 하더라도, 생명표 모델

〈표〉생명표 모델, 서형 제3레벨, 여성

연령	10만 명 집단의 추이	평균 잔여 수명	각 연령층이 차지하는 비율(%)
0	100,000	25.0	3.21
1	69,444	34.9	9.53
5	54,456	40.1	10.53
10	51,156	37.5	10.00
15	48,732	34.2	9.46
20	45,734	31.3	8.81
25	42,231	28.7	8.10
30	38,614	26.1	7.36
35	34,886	23.7	6.62
40	31,208	21.1	5.91
45	27,705	18.4	5.22
50	24,389	15.6	4.52
55	20,661	13.0	3.75
60	16,712	10.4	2.91
65	12,175	8.4	2.03
70	7,934	6.4	1.23
75	4,194	4.9	0.58
80	1,644	3.6	0.19
85	436	2.5	0.04

은 연령층이 대개 어느 정도의 비율로 흩어져 있었는지를 아는 데 유용하다. 대체로 로마 사회에서는 청년층이 노년층을 10대 1의 비율로 웃돌고 있었다. 오늘날 서양화된 사회에서는 이 비율이 3대 1 이하인 것과는 크게 대조적이다.

이와 같은 로마 세계의 인구 통계 모델은 가장 보존 상태가 좋은 당시의 사료에서 얻을 수 있는 데이터와도 맞아떨어지는 점이 있다. 1세기에서 3세기에 걸쳐 있는 그 사료는 로마의 속주 이집트에서 실시된 정기적인 인구조사의 일부로서 현지 관리들이 문서화한 300여 건의 신고서이다. 파피루스 조각에 보존된 이 신고서에는 약 1,100명에 이르는 등록자의 상세 정보가 담겨 있다. 그것에 따르면 그들의 평균 수명은 22~25세로, 15세 이하의 인구가 전체의 약 3분의 1을 차지하고 있었다. 로마 제국 전체의 평균 수명이 20~30세였다면, 하위권에 속하는 이러한 수치는 인구 조사 데이터의 3분의 2가 출토된 파이윰(나일강 하구 델타 지대의 남부)이라는 지역의 풍토 영향도 있었을 것이다. 파이윰은 토지는 비옥했지만 전염병이 많은 인구 조밀 지대였다. 지중해 지역의 다양한 환경 여건(건조지, 습지, 산지, 평야)이 각 지역 주민의 평균 수명에 영향을 끼쳤다고 보는 것이 타당하다.

그러나 가령 생활환경의 차이를 고려하더라도, 부유한 사람들이 시골의 가난한 사람들보다 반드시 훨씬 더 오래 살았던 것 같지는 않다. 제정기에 로마 원로원은 정원이 600명 정도로, 결원 보충은 평균 25세 안팎의 재무관(quaestor) 경험자가 매년 20명씩 추가됨으로써 이루어졌다(재무관은 최하위 공직). 이러한 결원과 보충의 관계에서 보면, 재무관 경험자는 통상 50대 중반까지 사는 것으로 여겨지기도 해서, 좀더 넓게 말하면 출생시 그들의 평균 잔여 수명은 20대 후반이었던 셈이다. 로마 사회의 가장 특권적인 사람들인 원로원 의원은 분명 좀더 많은 자원을 우선적으로 향유할 수 있었을 텐데, 한편으로는 군단의 군영이나 인구밀도가 높은 도시 중심부처럼 질병에 걸릴 확률이 높은 환경에서 장기간 지내야 했기 때문에, 그로 인해 그들의 혜택도 상쇄되었을 공산이 크다. 1세기부터 7세기까지 자연사한 로마 황제 30명의 향년을 조사한 연구에 따르면, 그들의 평균 수명은 26.3세였다. 모든 부와 권력을 과시한 로마 황제들은 설령 암살에 의한 죽음은 피할 수 있었을지 모르지만, 신민들보다 훨씬 더 오래 살기를 바랄 수는 없었던 것이다.

이러한 통계들을 통해 로마의 인구에 대한 전반적인 개관을 시도해볼 수도 있을 것이다. 먼저 강조할 것은 로마인들의 높은 사망률, 특히 유아와 젊은이들의 높은 사망률이다. 질병은 늘 그들 곁에 있었다. 생각해볼 수 있는 주된 사망 원인은 산업혁명 이전 유럽의 그것과 유사했다. 이질과 설사, 고열을 동반하는 콜레라와 장티푸스, 말라리아, 그리고 폐렴이나 결핵 같은 폐질환이었다. 전반적으로 빈약한 영양 상태나 열악한 위생 환경도 사망률을 높였다. 게다가 인구가 조밀한 도시에서는 전염병이 삽시간에 퍼지고, 제국은 광대해서 행정도 불충분했기 때문에 중앙 당국이 병자를 엄중히 격리시킬 수 없었던 것도 사망률을 높이는 요인이 되었다(이것은 근대 국민국가와 극히 대조적이다). 예를 들면, 165년에 페르시아 전쟁에서 귀환한 로마군이 옮겨온 천연두는 지중해 세계에 뿌리를 내리고 말았다. 이 전염병은 25년 동안 맹위를 떨쳐, 제국 인구의 약 10퍼센트에 해당하는 600만 명가량을 죽음으로 몰아넣었다.

가혹하게 높은 사망률은 로마 여성의 출산 능력에 상당한 부담을 안겼다. 안정된 인구수를 유지하기 위해서는 평균해서 (생리학적으로 임신이 가능한 나이인) 월경 개시기에 도달한 여성 1명이 딸 1명을 낳고, 그 딸도 월경 개시기까지 성장하는 것이 전제된다. 유아기 사망률이 높은 사회에서 이같은 냉정한 인구학적 요구를 충족시키는 데 필요한 정상 출산 인구의 수는 급격히 증가한다. 안정된 인구수를 유지하기 위해서 평균해서(여기서도 유용한 확률 지표로서 '서형 제3레벨'을 사용하면) 여성 1명이 딸 2.5명, 즉 아들까지 쳐서 적어도 5명의 아이를 낳지 않으면 인구를 유지할 수 없는 것이다.

앞에서 언급한 이집트의 인구조사 기록에서는 주민들이 그토록 심한 다산 압박에 어떻게 대처했는지를 엿볼 수 있다. 전반적으로 여성은 조혼으로, 평균 20세 직전에 결혼했다. 이것이 다른 지역에서도 보이는 관례였던 듯하다. 제국의 서부 속주에서 출토된 묘비에 따르면(미혼 여성에게는 부모가, 기혼 여성에게는 남편이 묘비를 세워주는 것이 통례였다는 일리 있는 가설에 기초해 분석하면), 10대 후반이나 20대 초가 평균적인 초혼 연령이었다. 다산의 부담을 가능한 한 분산시키기 위해서는 혼인이 널리 행해질 필요도 있었다. 이집트에서 여성의 60퍼센트가 늦어도 20세까지, 나머지도 30세까지는 결혼을 했다. 결혼을 하지 않는 여성은 거의 없었다. 로마 제국에는 미혼녀가 거의 없었다.

또한 이집트의 데이터에서는 출생률과 수태수, 즉 태어난 아이들의 수와 여성의 생리학적인 출산 능력의 밀접한 관계를 보여주기도 한다. 출생률은 여성이 20세에서 35세까지는 거의 변화가 없다가 45세 이후에는 급격히 떨어진다. 현대의 서양화된 사회의 일반적 관례와는 매우 대조적으로, 이집트에서는 일정한 수의 자녀가 태어나 그 아이들이 유아기를 넘겨 생존한 경우에도 출산을 의도적으로 억제한 증거는 없다. 기혼 여성은 가능한 한 임신을 계속했다. 그중에는 특별히 다산한 여성도 있었다. 이집트의 인구조사 신고서에는 8명의 자녀를 낳은 부부도 등장한다. 다른 대다수의 부부는 0~3명의 자녀가 있다고 신고했는데, 물론 각 가정에서 영유아기에 사망한 자녀의 수는 기록되지 않았다. 더구나 변동이 없는 인구 모델에 기초한 경우에는 5분의 1의 부부에게 자녀가 없고, 다른 5분의 1의 부부에게는 1명 혹은 그 이상의 딸밖에 없는 셈이다. 이와 같은 무미건조한 통계 이면으로는 다음 세대를 이어가려고 필사적으로 노력하는 부모들의 고통이 생생하게 전해진다. 2세기 중반에 원로원 의원이자 탁월한 변론가이기도 했던 마르쿠스 코르넬리우스 프론토(Marcus Cornelius Fronto)는 아이를 내리 다섯이나 유아기에 잃었다. 제자였던 황제 마르쿠스 아우렐리우스에게 보내는 편지에서 프론토는 가정을 이루는 데 실패한 비통함을 감동적으로 표현했다.

저는 다섯 아이를 가장 참담한 상황 속에서 잃었습니다. 한 명 한 명, 매번 한 알의 씨앗을 잃듯이 떠나보냈던 것입니다. 새 아이를 얻으면 그전 아이를 잃는 연쇄를 나는 견뎌내야만 했습니다. 아이를 잃어도 위로가 될 다른 아이가 없어, 슬픔이 가시지 않은 채로 나는 다음 아이를 얻었습니다.

높은 사망률로 인해 안정적이고 장기적인 가족계획은 불가능한 일이었다. 이집트의 인구조사 기록에 남아 있는 사람들은 대부분 일종의 확대가족을 이루고 있었는데, 가족의 구성원들이 단기간에 크게 변할 수도 있었다. (187~188년의 인구조사에 기록되어 있는) 한 가정에서는 한 쌍의 부부 일가에 자신들이 낳은 딸, 그리고 이전에 두 차례 결혼한 남편의 자식으로 성인이 된 아들과 딸, 거기에 아내가 이전의 결혼으로 낳은 아들과 딸이 모두 함께 살았다. 같은 세대 혹은 이전의 결혼으로 낳은 자녀들을 모두 받아들여 수평적으로 확대된 가족이었다. 그러나 조부모 같은 3대까지를 단기간이라도 가족에 포함시키는 경우는 극히 드물었다. 이러한 가족구성에는 전반적으로 높은 사망률이 반영되어 있고, 개별 가정에 미치는 영향은 예측할 수 없고 내용도 매우 다양했다. 평균 수치만으로도 윤곽을 확실히 읽을 수 있다. 아마 자녀의 3분의 1이 사춘기에 이르기도 전에 아버지를 여의고, 절반 이상이 25세 이전에 이미 아버지를 여의었던 것으로 생각된다. 평균해서 10세의 아이들 가운데 조부모가 한 명이라도 생존해 있을 가능성은 50퍼센트였다. 20세 인구 가운데 친할아버지가 생존해 있는 경우는 1퍼센트도 안 되었다.

사망률, 결혼, 출산, 확대가족의 이러한 특징들은 종합해보면, 산업화된 사회와의 상당한 차이를 확인할 수 있다. 산업화된 사회에서는 훨씬 더 높은 수명과 훨씬 더 낮은 출생률로, 고령 인구를 지원해야 하는 사회적·재정적 의무가 그만큼 더 요구된다. 이런 차이는 중요하다. 로마 제국을 개관할 때 현대인의 눈에 가장 먼저 들어오는 것은 현대에 비해 노인이 적고, 10대 인구가 넘치도록 많은 것일지도 모른다. 더구나 높은 고아 발생률, 그리고 무엇보다도 비참할 정도로 높은 유아 사망률일 것이다. 그 사회는 (설령 유아기를 넘겨 살아남았다고 해도) 40대 중반에 생을 마치는 것이 대다수 사람들의 인생이었다고 생각해도 무방한 사회였던 것이다. 또 이런 예측으로 인해 현대와는 근본적으로 다른 시간 감각이나, 개인의 삶의 궤적 (예컨대 엘리트층 야심가라면 이미 25세에 원로원에 들어갔다), 그리고 한 세대 안에서 무엇을 성취하고 경험해야 하는 것인지에 대한 생각의 차이가 생겨났다. 170년대에 황제 마르쿠스 아우렐리우스는 (후대에 『명상록』이라고 알려진) 일기에서 인간 존재란 얼마나 지루한 반복에 불과한 것인지를 성찰했다. 그의 비관적인 견해에 따르면, 인간은 40년만 살아도 영원성의 지루함을 충분히 이해할 수 있는 것이다.

과거를 뒤돌아보고 현재의 모든 변화들을 살펴보면, 미래를 예견할 수도 있다. 왜냐하면 미래는 현재와 모든 점에서 똑같을 것이고, 현재의 리듬으로부터 벗어날 수 없기 때문이다. 그러므로 인간의 40년의 삶을 관찰하는 것은 1만 년 동안 관찰하는 것이나 진배없다. 더이상 무엇을 보게 될 것인가?

광란의 무리를 떠나서

현대인이 로마 제국을 떠올릴 때, 상상의 중심을 차지하는 것이 엘리트층인 것도 무리는 아니다. 우리 자신이 황제들과 함께 걷거나, 권력자들에게 조언을 해주거나, 부유한 자들의 멋진 저택에서 호사스럽게 지내거나, 베르길리우스나 타키투스, 플루타르코스의 작품을 비평가들과 어울려 논하는 모습을 상상하는 것은 즐거운 일이다. 몽상이라 해도 부끄러울 것이 없다. 사실 대부분의 로마인들도 이러한 생활을 선망했을 것이다. 지중해 세계 전역의 인구 6,000만 명 중에서 부유한 자들은 20만 명이 넘지 않았을 것이다.

물론 로마에 대해 현대인이 관심을 보일 만한 다른 대상들도 있었다. 로마 군단의 면모를 전해주는 대량의 고고학 자료—예컨대 무기나 갑주, 특히 영국 북부의 하드리아누스 방벽이나 독일의 라인 강을 따라 지금도 남아 있는 요새—는 호기심을 자아내, 군단병의 일상을 재현해보는 사람들도 있다. 다만 병사도 로마 제국에서는 소수파에 불과했다. 2세기 후반 마르쿠스 아우렐리우스 시대의 병력수는 50만 정도로 제국 인구의 1퍼센트에도 못 미치는 숫자이다. 시야를 좀더 넓히려면 로마 시대 도시들의 멋진 유적들에 주목하면 된다. 폼페이 같은 도시를 보면, 도시민의 생활상을 어느 정도의 신뢰성을 가지고 느낄 수 있다. 그러나 도시에 사는 사람들은 제국 인구의 15퍼센트 정도에 불과했다.

로마 제국의 주민들 대다수는 농촌에 살면서 일했다. 고대 세계에서 토지는 주요한 생계 수단이었을 뿐만 아니라 부의 크기를 재는 지표이기도 했다. 다만 토지는 부유한 계층의 손 안에 집중되었다. 이탈리아 남부의 리구레스 바이비아니라는 지방 도시에서 출토된 2세기 초반의 한 목록에는 일부 시민의 자녀들을 지원하려고 황제 트라야누스가 추진한 사업에 찬동 하는 사람들의 명단이 실려 있었다. 그 내용을 보면, 전체 지 주의 3.5퍼센트에 해당하는 최고 부유층이 토지 재산의 21.3 퍼센트를 소유하고 있었음을 알 수 있다(어떤 사람은 혼자 11.2 퍼센트를 소유하고 있었다). 한편, 전체 지주의 14퍼센트에 해 당하는 가장 가난한 지주는 명단에 실린 토지 재산의 고작 3.6 퍼센트만 소유하고 있었다. 그러나 이 목록에는 재산의 가치 만 기록되어 있어, 부동산의 크기는 불분명하다. 또한 어떤 장 소에 있었는지도 알 수 없다. 게다가 최소 규모의 농지는 목록 에서 아예 빠져 있는데, 이러한 농지는 규모가 2.5헥타르 미 만이었을 것이다. 이 2.5헥타르라는 수치는 기원전 2세기 초 이탈리아 북부의 로마 정복지역에 정착한 로마 시민들에게 할당되었던 면적의 최대치에 해당한다. 1세기부터는 (군단에 서 25년간 복무하고 제대한) 퇴역 병사들이 정착할 도시가 제국 각지에 세워져, 그들에게는 최대 5헥타르의 소작지가 배정되었다. 이러한 퇴역병의 식민 활동은 속주의 경관에 흔적을 남겼다. 튀니지의 전원지대에 가면 지금도 규칙적으로 체스판처럼 구획된 고대의 농지 흔적을 볼 수 있다.

농업의 주역은 농민이었다. 이탈리아, 시칠리아, 갈리아 남부, 북아프리카의 일부 지역에 있는 대농장에서만 노예 노동이 큰 역할을 했다. 다른 대부분의 지역에서는 지주 본인과 그 가족, 소작인, 그리고 임금노동자가 농지를 일구었다. 이러한 노동력 구분은 부분적으로 중첩된다. 소규모 지주는 농번기에 근처 농장에서 노동을 함으로써 수입을 보충했을 것이다. 실제로 퇴역병들에게 배당된 토지는 자급자족하기에는 규모가 너무 작았고, 질이 좋지 않았던 지역에서는 더욱 그랬을 것이다. 그래서 다른 일거리를 찾았을 것이다. 지주든 소작인이든, 소규모 농가가 채택한 경작 방법과 방식은 당연히 기후와 토양이라는 자연 조건에 좌우될 수밖에 없었다. 범람과 관개가 주기적으로 반복되는 천수농업이 이루어진 나일 강 유역 (제국에서 가장 생산성이 높은 지역이었다)에서 천수농업이 이루어진(격년으로 휴경하지 않아도 윤작이 가능할 정도로 비옥한) 북부 이탈리아나 남부 프랑스까지, 그리고 (봄에 내린 빗물을 모아 계단과 수로의 정교한 네트워크로 물을 공급한) 북아프리카 고지의 스텝지역이나 반사막지역에서 물을 머금은 무거운 토양의 브리타니아나 라인 – 다뉴브 강 유역의 속주에 이르기까지.

지중해 지역의 주요 작물은 곡물(주로 보리와 밀), 콩류(누에콩, 완두콩, 병아리콩, 렌즈콩), 포도, 그리고 올리브였다. 콩류는 곡물에 적은 비타민 B_2와 칼슘을 공급했다. 올리브는 지방, 기름, 조명 연료, 비누의 주원료였다. 소규모 소작농은 돼지(고기 생산), 염소(치즈 생산), 그리고 몇 마리의 양(특히 거름 생산용)을 사육하기도 했을 것이다. 소의 사육은 드물었다. 경작하기 좋은 토지가 상대적으로 적은 지중해 지역의 반건조 저지대에서 대규모 축산은 그야말로 비경제적이었다. 축산에는 대량의 사료와 물이 필요해서 부담이 컸던 것이다. 그렇다면, 고대의 여러 저술가들이 가축을 기르는 일을 주로 브리타니아 같은 변경 속주나, 라인 - 다뉴브 강 너머에 사는 유목민들과 연관지어 묘사하는 것도 놀랄 만한 일이 아니다. 소고기와 유제품 중심의 식생활은 확실한 야만성의 표시였다.

일반적으로 소규모 농가는 최소한의 위험 부담으로 최대한의 생산을 꾀한다. 지중해 세계 대부분의 지역에서는 다양한 작물이 산지의 울퉁불퉁한 지형에 흩어져 있는 여러 경작지에서 재배되었다. 작물이 다양하고, 경작지가 여기저기 분산되어 있는 것이 흉작의 피해를 완화시키는 역할을 했다. 또한 1년 내내 식재료를 충분히 공급할 수 있도록 저장에도 세심한 주의를 기울였다. 흉년이면 농민들끼리 서로 의지하기도 했을 것이다. 그러나 아무리 절약하고, 창의력을 발휘하고, 이웃

끼리 돕더라도 배고픔은 늘 곁에 있었다. 2세기 중반의 갈레노스(Galenos)는 저작이 지금까지 전해지는 고대의 의사 가운데 가장 저명한 사람인데, 고향 페르가몬(오늘날 터키의 베르가마) 인근 농촌 지역에서 발생한 기근의 실상을 생생한 기록으로 남겼다. 농촌에 거주하는 사람들은 가장 먼저 (더이상 먹이를 줄 수 없는) 가축을 도살했고, 다음에는 돼지의 겨울철 먹이로 쓰려고 구덩이에 저장해둔 도토리를 먹을 수밖에 없었다. 갈레노스의 기록에 따르면, 기근에 시달려도 굶어 죽는 사람은 거의 없었다. 나무 순이나 구근, 생풀 같은 것을 먹고 뭔가에 감염되어 죽는 쪽이 더 많았다.

> 여러 차례 고열에 시달렸다. …… 변에서는 악취가 진동했고, 배변 때는 통증이 심했다. 그러다가 변비나 이질로 이어졌다. 소변은 볼 때 아리거나, 악취가 정말 심했다. 방광염에 시달리는 사람도 있었다. …… 이러한 증상들이 나타나지 않은 사람들도 장기 일부의 염증이나 심한 악성 열병으로 모두 죽고 말았다.

종종 가혹한 자연환경과 거의 일상적인 영양실조에도 불구하고, 농촌 사람들은 곤란한 상황 앞에서 놀라운 강인함을 보여주었다. 하지만 그들의 경제 상태는 역시 불안정했다. 예측할 수 없는 흉작, 가뭄, 홍수, 또는 지주나 채권자, 징세인의 부당한 요구에 의해 갑자기 파산할 수도 있었다. 일부 농민은 이러한 위기들을 어렵사리 견뎌내기도 했지만, 위기에 대처하지 못하고 죽거나, 병에 걸리거나, 돈을 빌린 농민도 있었다. 또 일부는 자작농에서 소작농으로, 소작농에서 토지가 없는 노동자로 전락했다. 그들의 자식들은 아마 군단에 입대하려 했을 것이다. 군단에서 25년 동안 복무하면, 제대 때는 얼마간의 땅을 배당받을 수 있었기 때문이다. 퇴역병들은 대부분 자신이 복무했던 주둔지 인근에 정착했다. 그곳은 고향에서 멀리 떨어져 있는 경우도 많았지만, 그래도 그들은 이 새로운 고향에서—다른 대부분의 사람들처럼—농사를 지었다.

로마 제국에서 소규모 자작농들은 침묵하는 다수파였다. 그들은 비문을 남긴 경우가 없고, 그들을 기리는 묘비도 거의 없었다. 나무로 허름하게 지은 농가는 대부분 흔적도 없이 사라졌다. 현존하는 문학작품에서도 세련된 도회지에서 어리둥절한 모습의 촌뜨기로 웃음거리나 될 뿐, 그들 농민이 정식으로 등장한 예는 거의 찾아볼 수 없다. 그러나 로마 제국의 부는 시골에서 농사짓는 사람들에게 의존하고 있었다. 그들의 얼마 안 되는 벌이는 소작료나 세금으로 징수되어, 평시에도 변경에 주둔하는 군대를 지원했고, 제국의 행정적·문화적 일체성을 창출하는 도시간 네트워크의 비용을 감당했다. 로마 역사가 (당시의 교양 있는 사람들이나 현재의 우리들에게나) 황제,

전쟁, 정복, 부유하고 권력을 가진 자들, 그리고 도시 문명이 이룩한 위대하고 감동적인 성과에 집중되는 것도 무리는 아니다. 그런 것들은 우리가 관심을 가질 만하고, 또 경탄할 만한 대상들이다. 그렇다 하더라도, 땀흘려 일하는 소농들이야말로 지중해 일대에 펼쳐진 이 초강대국의 안정과 번영을 지탱한 존재였음을 쉽게 잊어버린다. 역사란 그저 우연하게 살아남은 것이나 역사가의 관심을 끄는 무언가에 관한 이야기가 아니다. 그처럼 빛나는 제국의 장대함 앞에서 로마 제국의 주민들 대부분은 영속적인 기념물을 후세에 남길 만한 재산을 전혀 갖고 있지 못했다는 사실을 잊지 않는 편이 좋을 것이다.

제 7 장

다시 찾은
로마

팍스 브리타니카

1911년 5월 11일, 프랜시스 하버필드(Francis Haverfield: 옥스퍼드 대학 캠든Camden 고대사 강좌 교수)는 새로 설립된 로마학진흥회에서 회장 취임 연설을 했다. 하버필드는 학회를 창설하는 정당한 이유를 밝혀야 할 필요가 있다고 생각했다. 그는 많은 사람들이 이 시도를 "소수 전문가들의 불평을 해소하기 위한" 것으로 생각할 수도 있다는 점에 유념했다. 하버필드는 과거에 그러한 학회들이 학술지를 통해서 "좋은 연구 결과"를 출판하는 데 일조하긴 했지만, "방대한 양의 쓰레기도 함께 출간되었다"라는 비난에도 반박할 수 없다는 사실을 통렬히 인식하고 있었다. 무엇보다도 하버필드는 '개인주의적인 영국'이 '집단적인 학문과 연구' 프로그램을 발전시킬 최적의 장소인지에 의구심을 품었다.

제기될 가능성이 있는 이러한 반대 의견들에 대응해서 하버필드는 탄탄한 방어 태세를 구축했다. 그는 로마 역사의 복잡성과 남아 있는 증거를 적절히 평가하고 가치를 부여할 전문가 조직이 필요하다고 강력하게 주장했다. 열정적인 아마추어의 영향력에 제약을 가해야 할 시기가 도래한 것이었다.

영국에는 빈약하고, 어쩌면 위험할 수도 있는 배움에 대한 개념이 존재합니다. 사람들은 배운 사람을 사회적으로 성가시거나 특이한 사람으로 간주할 뿐만 아니라…… 그러나 영국인들은 그러한 배움에 특히 무관심합니다. 배울 필요가 없다고 생각합니다. 영국인이라면 교육을 받지 않고도, 아무런 지식이 없어도, 가고 싶은 곳에 가서 자신이 원하는 것을 성취할 수 있다고 믿고 있습니다.

그러나 자신들의 분야를 쉽게 다가갈 수 있는 영역으로 만들려는 시도에 냉소를 보낼지도 모르는 전문가들이 단단히 감시하고 있는 상아탑 안에 고대사를 가두어둘 의도가 하버필드에게는 전혀 없었다. 로마학진흥회의 정당성을 진정으로 증명하는 것은 동시대 사회와 정치의 연관성이었다. 하버필드가 보기에 로마 역사를 가능한 한 완전하고 정확하게 이해하고, 이해한 바를 소통하는 것은 어느 때보다 20세기 초에 절박한 과제였다.

제가 보기에 로마 역사는 오늘날 모든 역사 중에서 가장 유익한 것입니다. ······ 자극이 되는 대조와 비교를 제공해줍니다. 로마의 제정은 차이와 유사성에서 우리 영제국을, 예를 들면, 인도의 영제국을 모든 면에서 비춰줍니다.

영국 제국주의와 로마 제국주의의 비교 연구가 유익하다는 사실을 어느 정도로 증명할 수 있을까? 이것이 논의의 쟁점이었다. 아무리 좋은 쪽으로 생각해보려 해도, 영국과 로마는 불편한 관계에 있었다. 많은 논평가들이 두 제국의 차이가 너무 커서 유용한 유사점은 전혀 찾을 수 없다고 곧바로 지적했다. 영제국이 훨씬 더 방대하고 지구 전역에 퍼져 있었다. 소통 수단은 더 신속하고 믿을 만했다.(1860년대 중반부터 전신이 영국과 인도를 연결했다.) 영제국의 군비와 전쟁 방식은 과학기술 면에서 훨씬 우위에 있었다. 산업, 상업, 제조업의 역량은 훨씬 더 정교했다. 무엇보다도 가장 무시하기 힘든 점은, 어떤 비교에서든 영국이 한때 로마 제국의 속주였다는 불편한 사실에 직면해야만 했다는 것이다. 이후 영제국이 이룬 모든 성공에도 불구하고. 정복자들 자신이 한때 정복을 당했다.

　로마의 영국 정복에 대한 애국적인 대응에 있어서 선봉에
선 것은 부디카의 변신이었다. 60년에 일어났으나 실패한 이
케니족의 반란 지도자들 가운데 한 명이었던 부디카가 외국
의 독재에 복종하기를 거부하는 강력한 민족주의의 상징인
'보아디케아(Boadicea)'로 탈바꿈했다. 한 제국의 패배한 반역
자가 또다른 편의 영웅으로 개조되었다. 이러한 변신의 정점
은 1871년에 완성되어 1902년 런던의 템스 강변에 세워진 토
머스 소니크로프트(Thomas Thornycroft)의 인상적인 청동상이
다. 극적인 반항의 몸짓으로 보아디케아는 로마라는 적에 대
항하여 자신의 종족을 이끌며 (고고학적으로는 확인되지 않은)
큰 낫이 달린 전차의 고삐를 쥐고 서 있다.

　이 동상은 앨버트 공(빅토리아 여왕의 남편)이 깊은 관심을
보인 프로젝트였다. 소니크로프트가 청동상을 만드는 동안
앨버트 공은 작업실을 방문하고 모델로 사용하라고 본인 소
유의 말들을 빌려주었다. 후원자와 아티스트 모두 보아디케
아가 젊은 빅토리아 여왕을 강하게 암시하는, 가능한 한 제
왕에 걸맞은 모습으로 묘사되는 데 큰 관심을 가졌다. 미국
독립전쟁의 막바지인 1782년에 발표된 윌리엄 쿠퍼(William
Cowper)의 감동적인 시, 「보아디케아 찬가」를 조각상 대좌에
새김으로써 대미를 장식했다.

19. 토머스 소니크로프트의 〈보아디케아〉 청동상. 런던 템스 강변.

로마는 멸망하리라. 그 말을 기록하라.

그녀가 흘린 피로.

희망 없이, 증오를 받으며 멸망하리라,

폐허 속 깊이, 죄의식 속 깊이.

그후에 태어난 후손들이

이 땅의 숲에서 태어나고,

천둥으로 무장하고, 날개를 달고,

더 넓은 세상을 호령하리라.

카이사르가 알지 못한 곳을

당신의 후손이 지배하리라.

그의 독수리가 날아본 적이 없는 곳에서,

그들을 무찌를 자, 아무도 없으리라.

확장중인 제국의 선두에 서 있는 나라에서 토착민들의 저항을 칭송하는 이처럼 감동적인 이야기들은 의미가 약간 모호했다. 1857년, 인도에 대한 영국의 지배는 전통적으로 '인도 반란The Indian Mutiny'이라고 알려진 봉기들로 인해 흔들렸다. 무장하지 않은 민간인들의 잔인한 죽음으로 인해 영제국을 협력적인 파트너로 편안하게 여기던 인식은 갑작스럽게 도전을 받았다. 러크나우 남쪽의 카운포르(지금의 칸푸르)에서 인도 반란군들은 남녀노소 할 것 없이 영국 군인과 민간인들을 참호 앞에 줄지어 세워 무자비하게 학살했다. 2년 후인 1859년에 계관시인 알프레드 테니슨 경은 놀랄 만큼 수정주의적인 이미지를 제시했는데, 보아디케아를 자신의 군대를 한층 더 잔악한 행위로 이끈 피에 굶주린 야만인으로 묘사했다. 여기에 영웅은 없었다. 이것이 로마 지배에 맞선 브리타니아의 반란이었다.

문을 부수고, 궁전을 불살라라, 조각상들을 부숴라.

백발이 성성한 로마인의 머리를 잡아, 산산조각을 내어라, 그 머리를 혐오하라.

젊은 로마인을 그의 욕망과 관능 속에서 산산이 베어버려라.

어머니의 가슴을 토막내어버리고, 어린 자식의 머리를 깨부수어라.

브리타니아인이여, 일어나라. 내 전차 위에서, 내 군마 위에서 그자들을 짓밟아버려라.

합법적인 평정에 대한 이야기 또는 정당화된 저항에 대한 이야기 가운데 어느 쪽이든 간에 보아디케아의 신화는 폭력, 침략, 야만성의 이미지와 필연적으로 결부되었다. 로마 제국이 브리타니아를 병합한 역사에 관한 좀더 평화적인 해석은 이러한 이미지들에 반하는 것이었다. 이러한 관점에서 볼 때, 최초로 영국을 문명화시킨 것은 바로 로마 제국이었다. 1911년에 출간된 『학교 영국사』에서 키플링(Rudyard Kipling)과 플레처(C. R. L. Fletcher)는 단호한 어조로 말했다.

> 로마인들은 모든 속주에 매우 공정하고, 매우 강력한 법제도를 도입했다. 현대 유럽의 거의 모든 최고의 법들은 이를 근거로 하여 확립되었다. 모든 곳에서 약자들은 강자로부터 보호받았다. 로마 신들에게 바치는 신전이 건설되었다. 그리고 부유한 로마 신사들의 전원주택이 건설되었다. …… 이 신사들은 처음에는 유배에 대해 이야기했고, 추위에 떨고, '끔찍한 브리타니아의 기후'를 저주하며 뜨거운 공기로 집을 데웠고, 이탈리아의 고향으로 돌아가길 고대했다. 그러나 많은 자들이 머물렀고…… 소중한 모국이라는 정신이 그들에게도 깃들었고, 열정이 되었다.

키플링과 플레처에게 정복은 의심할 바 없이 좋은 것이었다. 그들은 스코틀랜드와 아일랜드 전역으로 문명화하는 로마의 통치를 확대시키지 않았다는 점만을 비판했을 뿐이다.

많은 점에서 『학교 영국사』는 로마 시대 영국에 대한 빅토리아 시대의 전형적인 사고를 관통하는 주제를 보여주었다.

20. 윌리엄 벨 스콧의 벽화 〈로마 성벽의 건설〉. 노섬브리아 월링턴 홀.

1861년에 윌리엄 벨 스콧(William Bell Scott)은 노섬브리아의 윌링턴 홀에 지역 역사로부터 발췌한 주제를 담은 8점의 벽화를 완성해 전시했다. 그중 첫째 작품은 2세기 초의 하드리아누스 방벽의 건설을 묘사했다. 이 작품에서 위엄 있는 로마의 백인대장이 군기를 옆에 두고 지역의 노동자들에게 지시하고 있다. 그뒤에서는 병사들이 이러한 인상 깊은 제국 건설 작업을 방해하려는 적대적인 토착민들을 격퇴하고 있다.

벽화 연작은 그러한 향상의 노력이 여전히 계속되고 있음을 분명히 보여주었다. 마지막 작품―〈철과 석탄: 19세기〉―은 오늘날 타인사이드(타인 강 일대의 도시권)의 산업적 성과를 마찬가지로 영웅적인 시각에서 보여준다. 벽화 위쪽 벽면에 스콧은 지역 주요 인사들의 초상화를 원형 장식 안에 그려넣었다. 여기에 증기 철도의 개척자 조지 스티븐슨과 로마 황제 하드리아누스가 나란히 그려져 있다. 그들은 공학기술 발전에 대한 열정을 통해서 영국 북부(그리고 더 넓게는 제국)에 번영과 문명을 가져오려는 열의로 하나가 되었다.

분명 이것은 제국의 지배에 관한 매력적인 사고방식이었다. 1901년에 처음 출간된 『고대 로마 제국과 인도의 영제국』이라는 연구에서 옥스퍼드의 역사학자이자 법률가, 저명한 자유당 정치가인 제임스 브라이스(James Bryce)는 두 제국의 성공 사이에 밀접한 유사성이 있다고 주장했다. 두 제국 모두 "제국 내부의 평화와 질서를 매우 높은 수준으로 유지"하는 데 탁월했다. 둘 다 인상적인 도로와 철도의 건설을 통해서 자신들이 "훌륭한 공학기술을 지닌 사람들"이라는 것을 보여주었다. 두 제국 모두 전쟁과 통치에서 성공을 거두었는데, 이러한 성공들이 "모든 저항을 억누를 기회를 맞이했을 때 보여준 유사한 추진력과 에너지, 준비성"을 드러내 보였다. 두 제국을 이처럼 좀더 확실히 비교하는 시각의 장점은 인도에 있는 영국의 존재에 설득력 있는 역사적 정당화를 제공하는 듯하다는 점이다. 그러나 좀더 불편한 의문이 제기되기도 했다. 1905년에 '로마 시대 브리타니아의 로마화'라는 영국학사원에서 열린 강연에서 하버필드는 로마 제국이 성공한 이유 중 하나가 신속하고 효과적으로 "속주 인구를 질서정연하고 일관성 있는 문명 속으로 동화"시켰기 때문이라고 주장했다.

그것이 제국의 과업이었다. …… 무엇보다도 이탈리아의 분명하고 일관성 있는 문명이 문명화되진 않았지만 총명한 사람들을 장악했다. 한편 누구에게도 따르라고 강요하지 않는 로마의 관용이 로마의 문화를 더욱 매력적인 것으로 만들었다. 왜냐하면 그다지 불가피한 것이 아니었기 때문이다.

크로머 백작 이블린 베어링(Evelyn Baring)이 1910년 1월 고전학협회에서 이러한 문제들을 주제로 연설을 했다. 크로머 백작이 회장을 맡은 이 협회는 1903년에 "고전학을 번영"시키고 "국가 차원의 교육 계획에서 이 분야의 연구가 얼마나 중요한가를 여론에 호소하고 각인"시키려고 설립되었다. 인도와 이집트의 식민 경영에서 탁월한 경력을 쌓고 막 돌아온 크로머는 '고대와 현대의 제국주의'에 관한 강연에서 자신이 정부에서 얻은 경험에 노골적으로 의지했다. "학자로서 학자들에게 이야기하는 것이 금지되었으므로, 저는 정치가와 행정가로서 협회에서 연설하는 것은 허용되리라고 생각했습니다." 크로머에게는 두 제국 사이에 비교할 만한 점이 많았지만(이 부분에 관해서 그는 브라이스의 앞선 주장을 따랐다), 브리타니아의 로마인들과 인도의 영국인들 사이에 존재하는 메울 수 없는 차이를 드러내는 것은 바로 '동화(同化)의 문제'였다는 사실이 분명했다. "로마인들이 이룬 상당한 성공은 쉽게 설명된다. 그들의 과제는 현대의 어떤 제국의 과제보다도 훨씬 더 수월했다."

크로머가 볼 때, 인도의 엄청난 다양성, 수많은 언어, 종교, 인종에서 비롯된 난관을 로마인들은 경험하지 못했다. 게다가 정복자와 피정복자를 가르는 뚜렷한 구분선인 인종과 피부색의 차이는 어떠한 동화 과정에서도 중요한 장애가 되었다.

분리 장벽이 세워진 그 토대는 굉장히 견고하다. 사람들의 마음 깊은 곳에 자리잡고 있는 본능과 감정에 매우 강하게 호소한다. 앞으로 다가올 여러 세대 동안 그러한 본능과 감정의 기반을 약화시키려는, 의도는 좋으나 보잘것없는 어떠한 노력에도 그들은 저항할 것이다.

이러한 상황에서 유일하게 신뢰할 수 있는 행동 방침은 '영국의 우월함을 변함없이 유지'하는 작업을 확고히 하는 것이었다.

인도의 자치에 대해 이야기하는 것은…… 마치 통일된 유럽의 자치를 옹호하는 것과 같다. 마치 노르웨이인들과 그리스인들 사이에, 돈 강 유역에 거주하는 사람들과 타호 강 유역에 거주하는 사람들 사이에 완전히 동질적인 감정과 이해관계가 존재한다고 추정하는 것과 같다. 그러한 생각은 터무니없을 뿐만 아니라…… 실현 불가능하다.

이러한 시각들은 반박의 여지가 없지 않았다. 몇 달 후인 1910년 5월, 고전학협회의 옥스퍼드 지부는 그의 연설에서 제기된 문제들을 토론하기 위해 열린 특별회의에 크로머 경을 초청했다. 토론의 문을 연 하버필드는 인종과 피부색을 크로머가 강조한 것은 잘못이라고 주장했다. 난관은 영국의 인도 지배가 진보된 사회와 맞닥뜨렸다는 사실이었다. "그러한 사회의 사상과 특성과 전통과 문명은 확고한 형태로 확고하게 구체화되어 있었다." 하버필드의 관점에서(아마 여기서 그의 로마 시대 영국에 대한 연구를 생각했으리라) 제국의 권력이 종속민들을 동화시킬 수 있는 능력은 '문명화되지 않았거나 결합되지 않은 집단들'에게나 통용될 수 있었다. 인도를 경영하는 제국의 미래에 관한 결론에서는 크로머가 옳았을지 모르지만, 그의 주장이 근거하고 있는 기반은 적어도 의심의 여지가 있었다.

이보다 더 중요한 반론은 또다른 옥스퍼드 고대 역사가이자 고고학자인 호가스(D. G. Hogarth)가 제기했다. 만약 역사에 어떤 교훈이 있다면, 그것은 로마 제국이 '비(非)동화의 시기를 지나,' '동화에 대한 열망'을 가지게 되었고, 이어 세번째 단계인 '적극적인 동화'로 진행해갔다는 사실을 관찰함으로써 얻을 수 있었다. 주요 쟁점은 인종이나 피부색에 관한 것이 아니었다. 오히려 영제국은 '여전히 제국주의의 첫 단계'에 있다고 간주되어야만 했다. '거의 완전한 사회적 통일성'이 충분히 입증되었을 때에만 '두 제국을 비교하기에 충분한 근거'가 존재할 것이다. 아쉽게도, 출판된 회의록은 이러한 주장들에 대한 청중이나 크로머 백작의 반응을 가늠해볼 만한 것을 전혀 제공하지 않는다. 그리고 호가스의 한층 더 도발적인 결론, 로마 제국의 '두드러진 성공'에 필적할 만큼 충분히 성숙한 식민 지배의 진보된 체제를 영국인들이 발전시키기까지는 분명 더 시간이 걸릴 거라는 결론에 대한 반응도 없다.

로마 정신

이탈리아 파시스트당의 당수 베니토 무솔리니에게 로마 제국은 당혹스럽게 만드는 모호함이 전혀 없었다. 1922년 3월에 행한 연설에서 무솔리니는 로마 정신(Romanità)에 대한 자신의 비전을 제시했고, 이는 무솔리니의 어용 신문『이탈리아 인민Il Populo d'Italia』4월 21일자에 게재되었다.

로마가 우리의 출발점이고 기준점이다. 로마는 우리의 상징 또는, 말하자면 우리의 신화이다. 우리는 로마적인 이탈리아를 꿈꾼다. 현명하고, 강하고, 규율 바르고, 제국적인 이탈리아. 로마의 불멸의 정신 대부분이 파시즘에서 다시 태어난다.

7개월 후에 무솔리니는 이탈리아 국왕 비토리오 에마누엘레 3세로부터 새로운 정부를 구성하라는 요청을 받았다. 이미 내전을 준비하고 있던 파시스트 지도자에게 이러한 요청은 권력을 잡는 극적인 방식은 아니었다. 밀라노에서 소식을 듣자마자 무솔리니는 서둘러서 파시스트 검은 셔츠단에게 로마로 진군하라고 명령했다. 야간열차를 타고 무솔리니도 직접 따라갔다. 침대차를 타고 푹 쉰 그는 10월 30일 아침, 로마에 도착했다.

해방의 '로마 진군'이라는 신화가 빠르게 만들어졌다. 검은 셔츠단의 도착을 기록하기 위해 사진사들이 준비하고 있었다. 『이탈리아 인민』지는 공모해서, 그들 검은 셔츠단이 무장 봉기라는 영웅적인 투쟁으로 부패한 정부를 전복시킨다는 고귀한 명분 속에 3,000명의 '파시즘의 순교자'로서 죽어갔다고 꾸며냈다. 고대 역사가 되풀이된 것으로 보였다. 지지자들에게 둘러싸여 말을 타고 도시 로마로 들어오려 했던 제2의 율리우스 카이사르가 여기에 있었다. 무솔리니는 이러한 유사점들을 적극 부각시켰다. 1932년 3월 23일과 4월 4일 사이에 독일 저널리스트 에밀 루트비히와 인터뷰하면서 무솔리니는 "나는 카이사르를 사랑한다. 역사상 가장 위대한 인물이다"라고 고백했다. 다음해 『이탈리아 인민』지에 기고한 글에서 무솔리니는 선언했다.

이 시대 역시 카이사르의 시대라고 부를 수 있다. 사실 탁월한 인물들에 의해 정치가 이루어지고 있다. 그들은 인민의 행복을 위해 다시 국가권력을 손에 넣었다. …… 마치 카이사르가 로마의 원로원 과두세력에 대항해서 진군했던 것처럼.

기원전 44년 3월 15일에 일어난 카이사르의 암살을 무솔리니는 '인류의 불행'으로 여겼다. (이탈리아 학교에서 가르칠) 무솔리니가 교정한 로마사에서 브루투스와 카시우스는 인민의 자유를 진정으로 옹호한 이를 억압한 폭압적이고 반동적인 소수 집단의 대리인들로 그려졌다. 카이사르의 대의는 로마 최초의 황제인 옥타비아누스/아우구스투스의 승리로 재확립되었을 뿐이다. 이거야말로 무솔리니가 부활시키려고 작정한 제국 로마였다. 1935년 10월 에티오피아에 대한 전쟁 선포는 로마 제국 재창조의 한 단계로 묘사되었다. 무솔리니의 관점에서 보면 '제4차 포에니 전쟁'과 다름없었다. 로마 제국의 표현대로 그가 '우리의 바다(mare nostrum)'라고 부르기를 주장하는 지중해에 대한 이탈리아의 지배를 주장하는 전쟁이었다. 1936년 5월 초에 에티오피아의 수도 아디스아바바가 이탈리아 군대에 의해 점령되었다. 이는 승리를 선언할 충분한 이유로 간주되었다. 에티오피아 대부분이 점령되지 않았다거나, 독가스가 사용되었다거나, 향후에 발생할 어떠한 저항도 제거해버리기 위해서 '조직적인 공포정치와 몰살 정책'을 무솔리니가 재가했다는 사실 등은 대중에게 알려지지 않았다. 5

월 9일 밤 10시 30분, 자신의 집무실이 있던 로마 중심부 베네치아 궁의 발코니에서 무솔리니는 환희에 찬 군중을 향해 연설했다.

이탈리아는 마침내 제국을 소유하게 되었다. …… 에티오피아의 전 인구를 위한 문명과 인간애의 제국이다. 이는 정복한 뒤에 정복당한 사람들을 제국의 운명과 하나가 되게 했던 로마의 전통에 따른 것이다. …… 이런 확실한 희망 속에서, 병사들이여, 제군들의 군기, 제군들의 검 그리고 제군들의 심장을 높이 들어, 15세기가 지난 후, 로마의 운명적인 언덕 위에 제국이 다시 나타났음에 경의를 표하라.

무솔리니에게 **로마** 정신 부활의 핵심은 도시 로마 자체였다. 루트비히와의 인터뷰에서 무솔리니는 "내 생각에 건축은 모든 예술 중에 가장 위대하다. 왜냐하면 다른 모든 것들의 완벽한 전형이기 때문이다"라고 거창하게 주장했다. 이야말로 진정한 로마의 감성이라 했던 루트비히의 의견에 무솔리니는 "나 또한 무엇보다도 로마인이다"라고 말했다. 무솔리니가 중요하게 생각했던 것은, 고대 로마의 장엄함이 일종의 야외 박물관에서 제국의 위대함으로 드러나야만 한다는 점이었다. 1931년, 전략적인 종합 계획을 준비하라는 지시를 받은 위원회에 건물을 대대적으로 철거하고 로마의 구시가지에 살고 있는 사람들에게 새 집을 마련해준다고 제안하라는 명령이 내려졌다. '퇴폐의 세기'에 축적된 것을 완전히 철거해야만 했다. 중세 시대의 주택도, 바로크 교회도 '위대한 로마'의 계시를 방해해서는 안 되었다.

로마 시의 현대적인 모습은 상당 부분 무솔리니가 조성했다. 고대 건축물들이 분명하게 부각되는데—관광객에게는 즐겁게도—그 이유는 바로 (무솔리니의 표현에 따르면) '추악한 그림 같은' 주변 환경이 조직적으로 파괴되었기 때문이다.

> 나의 생각은 명확하고, 나의 명령은 정확하다. …… 로마가 경이로움의 근원이라고 전 세계 모든 국가들이 느껴야만 한다. 거대하고, 매우 조직적이고, 강력하고, 아우구스투스 치하의 최초의 제국 시대에 그랬던 것처럼…… 천년 역사를 자랑하는 우리의 역사적 기념물들은 거인처럼 그에 어울리는 고독 속에서 돋보여야만 한다.

베네치아 궁으로부터 일직선으로 뻗어 있는 임페로(제국) 대로는—지금은 그보다 덜 논쟁적인 포리 임페리알리(황제 광장) 대로라고 불리는—전적으로 파시스트의 창조물이다. 무솔리니의 본부에서 콜로세움을 뚜렷이 보기 위해서 중세 도시를 관통하는 도로를 건설했다. 무엇보다도 이 도로는 군사 행진에 필요한 엄청난 공간을 제공했다.

로마는 땅 위에서만 재창조된 것이 아니었다. 한층 더 확대된 로마 제국의 영광이 아우구스투스 탄생 2천 년을 기념하는 대규모 전시에서도 경축의 대상이 되었다. 〈아우구스투스 시대의 로마 정신Mostra Augustea della Romanità〉이라는 주제의 전시회가 1937년 9월 23일 로마에서 열렸다. 제국 전역에 흩어져 있는 기념물과 건축물들의 석고 모형 3,000점 이상이 전시되었다. 가장 눈에 띄는 전시물 중 하나는 4세기 로마 시의 모습을 80제곱미터 크기, 1:250 축척으로 제작한 모형이었다. 그렇게 많은 로마 제국의 건축물들이 한 장소에 집중된 적이 없었다. 전시의 목적은 방문객들을 위해서 부활된 제국의 일관성 있는 모습을 재건하는 것이었다. 로마의 인상 깊은 폐허가—적어도 축소된 모형으로—다시 한 번 완전한 모습을 찾았다.

이 전시회를 찾은 100만 명 중 가장 깊은 인상을 받은 방문객들 중에는 아돌프 히틀러도 있었다. 히틀러는 1938년 5월 3일부터 9일까지 로마를 방문했다. 밤에 도착한 히틀러는 그의 방문을 기념하기 위해 환하게 밝힌 로마 중심가를 자동차로 둘러보았다. 다음 이틀 동안 히틀러는 전시회를 두 번 관람했다(두번째 관람은 히틀러의 특별 요청으로 이루어졌다). 그리고 최근에 발굴된 로마 시의 고대 유적들을 두루 돌아보았다. 로마에서 무솔리니가 이룬 것을 보고 히틀러는 베를린을 완전히 다시 건설하겠노라는 결심을 굳건히 했다. 13년 전에 『나의 투쟁』에서 히틀러는 독일의 수도에는 이에 어울리는 장엄함이 없고, 가장 중요한 건물들은 "소수 유대인들의 백화점과 소수 기업들의 본사 건물들"이라고 불평했다. 그러면서 그 자리에 로마의 콜로세움이 "모든 지나가는 사건들 속에서 살아남은" 것처럼, "시간의 도전을 거부할" 공공 건축물이 있어야 한다고 주장했다. 베를린은 "전 세계에서 우리의 유일한 라이벌"인 로마보다 더 "숨이 막힐 듯 아름다운" 도시가 되어야만 했다.

(히틀러가 새로이 '게르마니아'라는 이름을 붙인) 신(新)베를린에 대한 이러한 비전의 결과는 나치의 핵심 건축가였던 알베르트 슈페어(Albert Speer)가 디자인한 모형에서 볼 수 있다. 규모와 기념이라는 면에서, 거대한 의식을 위한 공간을 창조하려는 분명한 목적에서, 슈페어의 계획은 무솔리니를 능가하려고 작정한 듯이 보였다. 역시 놀랍게도 각각의 건축물에는 반구형 지붕, 아치문, 포르티코 등 종종 로마의 건축양식이 채택되었다. 이러한 신베를린에는 〈아우구스투스 시대의 로마 정신〉 전시회의 하얀 석고 모형들 속에 찬란하게 빛나며 공들여서 재건된 제국 로마를 뛰어넘으려는 목표가 깃들어

21. 알베르트 슈페어의 게르마니아(신베를린) 축소 모형. 국민 홀(Volkshalle)을 향
해 뻗은 남북의 중심도로.

있었다.

이는 가장 위협적이고 억압적인 상태의 교화를 목적으로 하는 건축이었다. 로마의 무솔리니처럼, 베를린의 히틀러에게 도시계획은 자신들이 로마 제국에 신세졌음을 드러내는 구체적인 표현이었을 뿐만 아니라, 무엇보다도 자신들이 로마 정신의 후예이며, 이를 부활시킨 자들임을 공개 선언한 것이었다. 『나의 투쟁』이 독자들에게 분명하게 권고하고 있다.

역사의 가르침을 얻기 위해 특히 우리는 고대에 대한 탐구를 중단하지 말아야 한다. 가장 폭넓은 윤곽 속에서 올바르게 이해된 로마 역사는 오늘날뿐만 아니라, 아마도 모든 시대를 위해서도 최고의 스승으로 계속 남을 것이다.

영화 속의 로마

노예 안토니누스(토니 커티스 분)를 유혹하는 데 실패한 로마의 장군 크라수스(로렌스 올리비에 분)는 돌아서서 스파르타쿠스(커크 더글러스 분)가 이끄는 노예 반란을 진압하기 위해 로마 시를 떠나는 군대를 바라본다.

보라, 저기 로마가 있다. 로마의 힘, 위엄, 공포가 저기 있다. 거인처럼 우뚝 서서 이 세상을 지배하고 있는 권력이 저기 있다. 로마에 저항할 수 있는 자는 없다. 로마에 저항할 수 있는 나라도 없다. …… 로마를 대하는 방식은 오직 한 가지뿐이다, 안토니우스여, 로마를 섬겨야만 한다. 로마 앞에서 너 자신을 낮추어야만 한다. 로마의 발밑에서 기어야만 한다. 로마를 사랑해야만 한다.

1950년대 관객들에게 제공된 할리우드 버전의 로마 제국은 요점이 분명했다. 대부분 인도를 경영하는 제국의 가치에 대한 영국의 논쟁들을 특징지었던 의문이나 논란들로 방해받지 않았다. 오히려 (그 무렵에는 패전한) 히틀러와 무솔리니에 의해 선전된 파시스트의 로마 찬미에 단호히 반대하는 것이 목표였다. 할리우드는 사치에 빠져 있고, 자유를 억압하는 데 잔인하게 몰두하는 절대주의 국가의 모습을 제시했다.

할리우드에서 로마의 지배자들은 정신적으로 문제가 있는 광인들이었다. 영화 〈쿠오바디스〉(1951년 개봉)에서 네로 황제(피터 유스티노프 분)는 강력한 독재자의 혼합체였다. 부분적으로 네로는 히틀러이다. 집요하게 기독교도들의 몰살을 밀고 나간다. 네로의 홀로코스트는 기독교도들을 역사의 표면에서 완전히 지워버릴 것이다. "내가 이 기독교도들을 다 처치했을 때, …… 역사는 그들이 존재했다는 사실조차 확신하

22. 영화 〈쿠오바디스〉의 한 장면. 네로 황제(피터 유스티노프 분)가 신하들에게 로마 재건 계획을 설명하고 있다.

지 못할 것이다." 부분적으로 네로는 무솔리니이기도 하다. 과대망상적인 도시계획가로서의 절대군주라는 긴 전통 속에서 네로는 새로운 로마의 창조에 집착한다. 황제가 깜짝 놀라는 신하들에게 공개한 엄청난 규모의 모형은 영화제작사가 이탈리아 정부로부터 빌려온 것으로, 앞에서 언급한 무솔리니의 대규모 전시회를 위해 제작되었다.

부분적으로, 네로는 스탈린이기도 하다. 〈쿠오바디스〉의 도입부에 얼굴을 알 수 없는 이의 목소리가 낭랑하게 울려퍼진다.

이러한 권력과 함께 부패가 반드시 따라온다. …… 아무도 자신의 목숨을 부지할 수 있다는 확신을 하지 못한다. 개인은 국가에 꼼짝없이 휘둘린다. 살인이 정의를 대신한다. …… 채찍과 칼을 피할 곳은 아무 데도 없다.

이러한 이미지들이 할리우드의 로마 제국에 대한 묘사에 기본적인 영화 어휘를 제공한다. 영화 〈글래디에이터〉(2000년)의 감독 리들리 스콧은 코모두스 황제의 개선식 장면이 레니 리펜슈탈의 〈의지의 승리〉(1935년)를 떠올리도록 의도되었음을 확인해주었다. 로마에서 권력자인 코모두스의 행진과 뉘른베르크의 나치 집회에 도착하는 히틀러의 유사점들은 오해의 여지 없이 분명하다. 두 장면 모두 공중에서 촬영한 거대한 건물과 환호하는 군중으로 시작한다. 두 장면 모두 주요 인물의 관점에서 촬영한 장면을 보여준다. 카메라의 각도는 코모두스와 히틀러를 실제 모습보다 크게 보이도록 한다. 히틀러가 행진하는 중에 어린 소녀로부터 꽃다발을 받는 순간을 빗댄 장면인데, 코모두스 황제는 원로원 건물의 계단에서 어린이들로부터 꽃다발을 받는다. 스콧의 로마에서 원로원은 밀집하여 도열한 병사들로 가득한 거대한 광장을 가로질러 콜로세움을 마주보고 있다. 지배의 건축의 이런 거창한 비전은 신베를린을 위한 히틀러의 계획에 가장 크게 신세를 지고 있다. 좁은 거리와 건물이 빽빽이 들어선 포룸이 있던 2세기 로마는 이런 모습이었던 적이 한 번도 없다. 무솔리니가 도시의 중심을 관통하는 행진에 사용되는 임페로 대로를 지나갔던 1932년에야 비슷한 모습을 갖추게 되었다.

제국의 건설과 운영이라는 거대한 사업에는 치명적인 결함이 있다는 강한 의식이 할리우드의 로마를 지배한다. 다른 가능성들도 제시될 수 있었지만, 한 번도 실현된 적이 없었다. 영화 〈로마 제국의 멸망〉(1964년)에서 마르쿠스 아우렐리우스 황제는 다문화적인 세계를 약속했다. "여러분이 어디에 살든지, 여러분의 피부색이 무엇이든지, 평화가 도래했을 때, 평화는 모두에게, **전 인류에게**, 로마 시민권이라는 최고의 권리를 가져다줄 것이다. …… 평등한 민족들로 이루어진 가족이다." 감성을 얼마나 자극했든 간에, 이러한 비전을 실제 정책으로 옮기는 데는 실패했음이 분명하다.

할리우드의 입장에서 로마는 돌이킬 수 없는 것이다. 영화 〈글래디에이터〉에서 죽어가는 마르쿠스 아우렐리우스는 불가피한 것을 재차 거부해보려 한다. 그는 아들인 코모두스(호아킨 피닉스 분)에게 제위를 물려주기를 거부한다. 대신에 막시무스 장군(러셀 크로우 분)에게 공화정을 되살리고 "속삭일 수밖에 없는 연약한 꿈"을 구하라고 지시한다. 로마 시 안에서는 거침없이 발언하는 원로원 의원 그라쿠스가 "인민 중에서 선택되고, 인민을 대변하는…… 원로원이 인민이다"라고 날카롭게 말했다(미국 공화주의의 전통적인 언어를 고스란히 반영하는 그라쿠스의 주장은 매우 심각한 역사적 오류로 간주해 무시하기보다는 전하려 하는 바를 제대로 평가해야만 한다).

그러나 〈글래디에이터〉는 주제를 정치적 도전으로 승화시키는 데 실패한다. 막시무스는 판단력이 예리한 황실 정치가도 아니고, 헌신적인 혁명가도 아니었다. 무엇보다 스페인에 있는 자신의 농장으로 돌아가기를 갈망한다. 마르쿠스 아우렐리우스의 계획을 알아챈 코모두스는 아버지를 살해하고 자신이 황제임을 선언한다. 막시무스는 간신히 처형을 피했지만 코모두스의 명령에 따라 무참히 살해된 가족을 지킬 수는 없었다. 이제 부상당한 채 도망자가 된 막시무스는 아내와 아

23. 영화 〈글래디에이터〉의 한 장면. 원로원 의사당에서 바라본 재현된 로마의 모습.

들의 복수를 하려는 열망에 사로잡혀 검투사가 된다. 정치적으로 소외되어 고립된 자가 추구하는 이러한 인과응보적 행보는 〈글래디에이터〉가 보여주는, 가족의 가치에 대한 분명한 찬미의 표현이다. 코모두스가 지배자로서 적합하지 않은 이유는 온전하지 않았던 그와 부왕의 관계로 설명되는데, 코모두스는 아버지가 어린 시절 그를 한 번도 제대로 안아주지 않았다고 불평한다. 코모두스의 누이인 루킬라는, 비록 그렇게 함으로써 다른 사람들을 배신해야 하지만, 아들을 보호하기 위한 행동을 취한다. 막시무스의 대리 '가족'인 동료 검투사들은 서로에게 충성스러운 형제의 의를 맺었기 때문에 경기장에서 의도한 바를 실현한다. 콜로세움에서 펼쳐진 마지막 절정의 결투에서 코모두스와 막시무스 둘 다 사망한다. 그리하여 주인공은 복수를 실현하고, 꿈결 같은 마지막 장면에서 사후에 아내와 아들을 다시 만나게 된다.

　이것은 진부한 주제들이다. 〈로마 제국의 몰락〉에서 영웅 리비우스 메텔루스(스티븐 보이드 분)는 코모두스와의 결투에서 살아남고 황제의 지위에 오르라는 제안을 받는다. "황제 만세!"라는 외침에 그는 혐오스럽다는 몸짓을 하며 떠나버린다. 미래는 황실이라는 부패하고 공적인 공간이 아니라, 사랑하는 루킬라(소피아 로렌 분)와 함께하는 그들만의 사적이고 내적인 세계에 있었다. 〈쿠오바디스〉에서 영웅 마르쿠스 비키니우스(로버트 테일러 분)는 네로의 폐위를 책임진다. 그는 다음 황제 갈바의 군단이 수도로 들어오는 모습을 바라본다. 기독교로 개종한 비키니우스는 교회와 국가를 엄격히 분리하는 것이 중요하다는 사실을 인식한다. 그의 새로운 종교는 사회 개혁을 위한 기폭제가 되지 않을 것이다. 오히려 정치무대에서 은퇴한다는 사실을 확인해주었다. 여기서 기독교의 가치는 무엇보다도 가족의 가치이다. 영화의 도입부에서 비키니우스는 아직 결혼하지 않은 청년으로, 전차를 타고 로마의 거리를 거침없이 질주하면서 전장에서 돌아오는 모습으로 묘사된다. 그러나 결국에는 아내와 자녀들을 태운 가족용 마차의 고삐를 차분하고 책임감 있게 쥐고 도시를 떠난다.

수도의 더러운 타락으로부터 멀리 떨어진 농장에서 영위하는 조용한 삶의 가치를 지지하지만, '검과 샌들(sword-and-sandal)' 장르 영화가 꾸준히 사랑받는 매력의 일부는 이러한 영화가 무엇보다 비판하려고 시도한 것에서 완전히 벗어난 적이 없다는 사실에서 나온다. 이 영화들은 자신들이 만든 서사적인 이야기들을 칭송한다. 〈벤허〉(1959년)를 찍을 때는, 4만 톤의 수입 모래로 실물 크기의 전차경기장을 완벽하게 재현했다. 〈쿠오바디스〉에서는 네로의 연회를 재현한 장면에서 쓰고 남은 음식을 결핍 아동들을 위한 구제 기관에 기부했다. 〈글래디에이터〉에서는 디지털 기술로 로마의 웅장함을 재현했다. 콜로세움의 관중들을 연기한 보조 연기자들은 고작 2,000명에 지나지 않았다. 나머지 3만 3,000명은 컴퓨터 그래픽으로 처리했다. 무엇보다도 이러한 영화들은 화려한 와이드 스크린의 웅장함으로 기억된다. 필름으로 재현되었던 로마에 투입된 엄청난 비용과 놀라운 기술적 정교함은 관객들을 쫓아버리기는커녕 매료시켰다.

그렇다면, 설령 이러한 역설이 이용된다고 해도 놀랍지 않을 것이다. 〈쿠오바디스〉의 관객은 네로 황제를 비난하도록 설득을 당한다. 그러나 영화제작사는 전쟁 후 소비지상주의로 새로워진 미국에서 제국 로마의 과시적인 소비 역시 매력적이라는 점도 인식하고 있었다. 〈쿠오바디스〉는 레인코트, 부동산, 화재보험, 벽지, 식탁보, 보석, 슬리퍼, 잠옷의 판매 촉진에 도움이 되었다. 니커보커 사와 함께 먼싱웨어 사는 쿠오바디스 사각 트렁크를 출시했다. "눈부시게 화려한 색감의 불타는 듯 정열적인 8가지 패턴…… 화사한 디자인은 마치 화려한 로마 시대를 그려낸 눈부시게 멋진 영화 속에서 바로 뽑아낸 것 같다." 마침내 독재자의 무절제를 번화가 상점에서 민주적으로 구할 수 있게 되었다. '풀커트 레이온'으로 만든 쿠오바디스 사각 트렁크를 입은 미국의 모든 남편들은 이제 "네로 황제인 체하는" 빼앗을 수 없는 권리를 가지게 되었다.

로마 제국의 현대적인 버전들은 물론 넘치도록 풍부하게

24. 먼싱웨어 사의 '쿠오바디스' 남성 속옷 광고 포스터.

재미있어야만 한다. 한창때에 〈쿠오바디스〉, 〈로마 제국의 몰락〉, 〈글래디에이터〉 같은 영화들은 개선 행렬의 엄청난 장관, 아주 부유한 자들이 소유한 대저택의 호화로움, 유혈이 낭자한 검투 경기의 스릴, 전쟁의 공포, 독재정치의 무시무시한 변덕스러움, 로마의 대도시적인 장대함을 전달한다. (제1장에서 다룬) 황제의 과제에 대한 로마의 생각을 포착한다거나, (제2장에서처럼) 제국의 권력 행사와 표현을 둘러싼 어려움과 모호함에 대한 인식을 제공한다거나, (제3장에서처럼) 속주 엘리트층의 민감한 위치를 이해하려고 하는 경우는 더욱 드물다. 정복과 저항은 판에 박은 듯 오로지 무력이라는 측면에서만 인식되었다(제4장에서 검토된 훨씬 더 파악하기 어려운 대안들이 다루어질 여지는 거의 없다). 기독교는 완성된 모습으로, 그리고 종종 노골적으로 프로테스탄트의 세계관과 믿음을 지닌 모습으로 묘사된다(제5장에서 검토되었던 의문과 논쟁들은 조용히 관심의 대상에서 제외된다). 또한 대부분의 경우, 영화 속 세계에서 로마 제국은 눈에 띄게 건강하다. 기름을 잘 바른 근육질의 보조 연기자들이 (제5장에서 다룬) 영양 결핍, 높은 유아 사망률, 전염병, 낮은 수명에 시달리는 사회를 감춘다.

할리우드 영화 속 로마의 중심에는 몹시 개인적인 투쟁, 즉 인간성을 파괴하는 전체주의적인 체제에 맞선 개인의 우월함에 대한 칭송, 사랑의 승리에 관한 이야기(대개 이교도 근육질 남성이 기독교도 처녀를 얻는다), 정당한 복수의 추구(보통 부당한 취급을 당한 도전적인 이성애적 영웅이 극도로 퇴폐적이고 누가 봐도 비정상적인 지배자를 패배시킨다)가 자리잡고 있다. 이런 매력적인 결합들은 로마 제국이 지속적으로 인기를 얻는 주요한 요인임이 분명하다. 그건 박수를 받아야만 하지만, 다 알면서 그러는 것이다. 한편으로는 항상 기억할 만한 가치가 있는 사실도 있다. 반역자들을 응원하고, 이해하기 어려운 숭배 의식들을 옹호하고, 황제의 권력을 전복하고, 개인의 자유를 문명화된 사회의 시금석으로 찬미하는 것을 아마도 로마의 관객은 별로 환영하지 않았을 거라는 사실이다.

대부분의 경우, 현대에 재현된 고대는—인도에서의 영국 제국주의에 관한 논쟁이나 1930년대의 대규모 도시 판타지들과 같은—그러한 재현을 장려하는 사회들의 복잡성과 관심사들을 드러내는 의미심장한 해설로 이해할 수 있다. 그런 상황에서 고대 로마에 대한 이러한 묘사들의 '정확성'(그들이 주장하는 진짜 실체가 무엇이든 간에)은 별로 중요하지 않다. 〈글래디에이터〉의 상업적인 성공은 고대 세계에 대한 우리의 시각은 역시 지극히 현대적인 문제라는 사실을 시의적절하게 상기시킨다. 이러한 시각들은 우리 자신의 주된 관심사와 문제점들을 아낌없이 보여주며, 우리들 자신이 열망하고 염려하는 것들을 비춰준다. 빅토리아 시대와 파시즘의 전례들처럼,

21세기의 로마는 과거보다는 현재에 대해 더 많은 것을 폭로한다. 우리의 꿈과 두려움에 토가를 입힌다. 하지만 그러한 것들은 로마 제국에 대해 별로 흥미롭지 않은—어떤 면에서는 별로 재미있지도 않은—아주 짧은 안내서를 제공할 수 있을 뿐이다.

연표 | 기원전 31년~서기 192년

기원전

31년	악티움 해전이 일어나다. 옥타비아누스가 안토니우스와 클레오파트라를 격파하다.
30년	안토니우스가 자살하다.
20년대	베르길리우스가 『아이네이스』를 저술하다.
27년	옥타비아누스가 '아우구스투스'라는 칭호를 받다.
27년~ 서기 14년	**아우구스투스**
8년	안노발 루푸스가 렙티스 마그나의 시장을 완공하다.

서기

1/2년	안노발 루푸스가 렙티스 마그나의 극장을 완공하다.
14~37년	**티베리우스**
37~41년	**칼리굴라**
41~54년	**클라우디우스**
42년	클라우디우스가 브리타니아를 침공하다.
54~68년	**네로**
54년	세네카가 『아포콜로킨토시스』를 저술하다.
55년	브리타니쿠스가 사망하다.
55년경	아프로디시아스 시 주랑 위의 조각상들이 완성되다.

55/56년	세네카가 『관용에 대하여』를 저술하다.
59년	아그리피나가 사망하다.
60년	브리타니아에서 부디카가 반란을 이끌다.
64년	로마에 대화재가 일어나다.
64~68년	로마 황금 궁전이 건설되다.
65년	세네카가 자살하다.
68~69년	**갈바**
69년	**오토와 비텔리우스**
66~70년	유대인이 반란을 일으키다.
70년	예루살렘이 함락되다.
70년대	디오 크리소스톰이 프루사에서 식량 폭동을 진압하다.
71년	티투스와 베스파시아누스가 유대인 반란 종결 후 개선식을 열다.
74년	마사다에서 시카리들이 자살하다.
69~79년	**베스파시아누스**
77~84년	그나이우스 율리우스 아그리콜라가 총독으로서 브리타니아를 통치하다.
79~81년	**티투스**
79년	베수비우스 화산 폭발로 폼페이와 헤르쿨라네움이 파괴되다.
80년	콜로세움이 완공되다.
81/82년	로마 시의 티투스 황제 개선문이 완공되다.

83년	브리타니아 북부에서 칼가쿠스의 반란이 진압되다.
81~96년	**도미티아누스**
96~120년	플루타르코스가 『대비 열전』을 저술하다.
96~98년	**네르바**
98~117년	**트라야누스**
100년	소(小)플리니우스가 트라야누스 황제를 기리며 연설하다.
101년	리구레스 바이비아니의 토지목록이 작성되다.
101~102년	제1차 다키아 전쟁이 일어나다.
104년	가이우스 비비우스 살루타리스가 에페소스 시의 제례 행렬에 자금을 후원하다.
105~106년	제2차 다키아 전쟁이 일어나다.
110년경	안티오키아의 이그나티우스가 로마에서 순교하다.
110~112년	소(小)플리니우스가 비티니아-폰투스를 총독으로서 통치하다.
113년	트라야누스 황제의 원주가 완공되다.
116~117년	루키우스 율리우스 아그리파가 아파미아의 새로운 욕장 건설에 자금을 후원하다.
117~138년	**하드리아누스**
120년경	타키투스가 『연대기』를 완성하다.
120년대	수에토니우스가 『황제들의 전기』을 집필하다.
124년	하드리아누스가 아테네를 처음으로 방문하다.

125년	가이우스 율리우스 데모스테네스가 오이노안다의 제례에 자금을 후원하다.
130년	예루살렘에 아일리아 카피톨리나가 건설되다.
131~132년	아테네의 올림피에이온 신전이 완공되다. 판헬레니온 동맹이 창설되다.
131~135년	바르 코크바 반란이 일어나다.
137년	아테네에서 판헬레니아 제가 창설되다.
138~161년	**안토니누스 피우스**
143 / 144년	아일리우스 아리스티데스가 로마를 칭송하는 연설을 하다.
144년	마르키온이 로마의 기독교 교회로부터 파문당하다.
156 / 157년	스미르나에서 폴리카르포스가 순교하다.
157년	갈레노스가 페르가몬에서 의료 활동을 시작하다.
161년	안토니누스 피우스 황제 원주가 완공되다.
161~169년	**루키우스 베루스**
161~180년	**마르쿠스 아우렐리우스**
165년	페르시아에서 돌아온 군대가 천연두를 퍼뜨리다.
170~180년	마르쿠스 아우렐레우스가 『명상록』을 저술하다.
177년	리옹에서 기독교도들이 순교하다.
175 / 180년	파우사니아스가 『그리스 안내기』를 완성하다.
177~192년	**코모두스**
192년	디오 카시우스가 검투사로 싸우는 코모두스 황제를 보다.

참고문헌

제1장 정복

로마 공화정

Michael Crawford, *The Roman Republic*, 2nd edn. (London, 1992)

Mary Beard and Michael Crawford, *Rome in the Late Republic: Problems and Interpretations*, 2nd edn. (London, 1999)

Keith Hopkins, *Death and Renewal* (Cambridge, 1983), ch. 2

Peter Brunt, *The Fall of the Roman Republic and Related Essays* (Oxford, 1988)

아우구스투스

Ronald Syme, *The Roman Revolution* (Oxford, 1939)

Paul Zanker, *The Power of Images in the Age of Augustus* (Michigan, 1988)

Kurt Raaflaub and Mark Toher (eds.), *Between Republic and Empire: Interpretations of Augustus and his Principate* (Berkeley, 1990)

정복

William Harris, *War and Imperialism in Republican Rome 327-70 BC* (Oxford, 1979)

Ramsey MacMullen, *Enemies of the Roman Order: Treason, Unrest and Alienation in the Empire* (Harvard, 1966)

Richard Hingley and Christina Unwin, *Boudica: Iron Age Warrior Queen* (London, 2005)

아이네이스

Philip Hardie, *Virgil's Aeneid: Cosmos and Imperium* (Oxford, 1986)

Stephen Harrison (ed.), *Oxford Readings in Virgil's Aeneid* (Oxford, 1990)

현대적인 운문 형식의 좋은 번역으로는 Robert Fitzgerald (London, 1984) 가 있다.

제2장 황제의 권력

황제 숭배

Keith Hopkins, *Conquerors and Slaves* (Cambridge, 1978), ch. 5

Mary Beard, John North, and Simon Price, *Religions of Rome, Vol. I: A History* (Cambridge, 1998), chs. 5-7

Simon Price, *Rituals and Power: The Roman Imperial Cult in Asia Minor* (Cambridge, 1984)

Ittai Gradel, *Emperor Worship and Roman Religion* (Oxford, 2002)

세네카

Miriam Griffin, *Seneca: A Philosopher in Politics* (Oxford, 1976)

플리니우스

Andrew Wallace-Hadrill, '*Civilis Princeps*: Between Citizen and King', *Journal of Roman Studies*, 72 (1982): 32-48

Shadi Bartsch, *Actors in the Audience: Theatricality and Doublespeak from Nero to Hadrian* (Harvard, 1994), ch. 5

수에토니우스

Andrew Wallace-Hadrill, *Suetonius: The Scholar and his Caesars* (London, 1983)

네로

Ja's Elsner and Jamie Masters (eds.), *Reflections of Nero* (London, 1994)

Edward Champlin, *Nero* (Harvard, 2003)

타키투스

John Henderson, *Fighting for Rome: Poets and Caesars, History and Civil War* (Cambridge, 1998), ch. 4

Ronald Mellor, *Tacitus* (London, 1993)

제3장 공모

제국과 속주

Clifford Ando, *Imperial Ideology and Provincial Loyalty in the Roman Empire* (Berkeley, 2000)

J. E. Lendon, *Empire of Honour: The Art of Government in the Roman World* (Oxford, 1997)

Andrew Linttot, *Imperium Romanum: Politics and Administration* (London, 1993)

Stephen Mitchell, *Anatolia: Land, Men, and Gods in Asia Minor,* 2 vols (Oxford, 1993)

Greg Woolf, *Becoming Roman: The Origins of Provincial Civilization in Gaul* (Cambridge, 1998)

Martin Millett, *The Romanization of Britain: An Essay in Archaeological Interpretation* (Cambridge, 1990)

Greg Woolf, 'Monumental Writing and the Expansion of Roman Society in the Early Empire', *Journal of Roman Studies*, 86 (1996): 22–39

J. B. Ward-Perkins, *Roman Imperial Architecture*, 2nd edn. (Harmondsworth, 1981)

플리니우스

A. N. Sherwin-White, *The Letters of Pliny: A Historical and Social Commentary* (Oxford, 1966)

디오 크리소스톰

Christopher Jones, *The Roman World of Dio Chrysostom* (Harvard, 1978)

제4장 역사 전쟁

하드리아누스

Anthony Birley, *Hadrian: The Restless Emperor* (London, 1997)

Mary Boatwright, *Hadrian and the Cities of the Roman Empire* (Princeton, 2000)

로마 제국 내의 그리스인

Glen Bowersock, *Greek Sophists in the Roman Empire* (Oxford, 1969)

Susan Alcock, *Graecia Capta: The Landscapes of Roman Greece* (Cambridge, 1993)

Tim Whitmarsh, *Greek Literature and the Roman Empire: The Politics of Imitation* (Oxford, 2001)

Simon Goldhill (ed.), *Being Greek under Rome: Cultural Identity, the Second Sophistic and the Development of Empire* (Cambridge, 2001)

Simon Swain, *Hellenism and Empire: Language, Classicism, and Power in the Greek World, AD 50-250* (Oxford, 1996)

파우사니아스

Christian Habicht, *Pausanias' Guide to Ancient Greece* (Berkeley, 1985)

William Hutton, *Describing Greece: Landscape and Literature in the Periegesis of Pausanias* (Cambridge, 2005)

플루타르코스

Tim Duff, *Plutarch's Lives: Exploring Virtue and Vice* (Oxford, 1999)

Christopher Jones, *Plutarch and Rome* (Oxford, 1971)

Penguin Classics의 플루타르코스 『대비 열전』 번역본은 전기를 한 쌍씩 나누어 편집하고 공식적인 비교 부분을 제외하고 있으므로 주의할 필요가 있다. 오늘날의 여행객들에게 맞도록 순서를 조정한 파우사니아스 번역본 역시 오해의 소지가 있다.

제5장 사자에게 던져진 기독교도들

검투사

Keith Hopkins, *Death and Renewal* (Cambridge, 1983), ch. 1

Jeremy Toner, *Leisure and Ancient Rome* (Cambridge, 1995)

Thomas Wiedemann, *Emperors and Gladiators* (London, 1992)

Paul Plass, *The Game of Death in Ancient Rome: Arena Sport and Political Suicide* (Wisconsin, 1995)

Keith Hopkins and Mary Beard, *The Colosseum* (London, 2005)

순교

Glen Bowersock, *Martyrdom and Rome* (Cambridge, 1995)

Daniel Boyarin, *Dying for God: Martyrdom and the Making of Christianity and Judaism* (Stanford, 1999)

초기 기독교

Henry Chadwick, *The Church in Ancient Society: From Galilee to Gregory the Great* (Oxford, 2001)

Robin Lane Fox, *Pagans and Christians* (Harmondsworth, 1986)

Philip Rousseau, *The Early Christian Centuries* (London, 2002)

William Frend, *The Rise of Christianity* (London, 1984)

제6장 로마인의 삶과 죽음

폼페이

Andrew Wallace-Hadrill, *Houses and Society in Pompeii and Herculaneum* (Princeton, 1994)

Wim Jongman, *The Economy and Society of Pompeii* (Amsterdam, 1988)

Paul Zanker, *Pompeii: Public and Private Life* (Harvard, 1998)

P. Veyne (ed.), *A History of Private Life, I: From Pagan Rome to Byzantium* (Harvard, 1987), ch. 1

인구 변동

Richard Saller, *Patriarchy, Property and Death in the Roman Family* (Cambridge, 1994)

Tim Parkin, *Old Age in the Roman World: A Cultural and Social History* (Johns Hopkins, 2003)

Roger Bagnall and Bruce Frier, *The Demography of Roman Egypt* (Cambridge, 1994)

Walter Scheidel, 'Roman Age Structure: Evidence and Models', *Journal of Roman Studies*, 91 (2001): 1-26

농업

Brent Shaw, *Environment and Society in Roman North Africa* (Aldershot, 1995)

Peter Garnsey, *Famine and Food Supply in the Graeco-Roman World: Responses to Risk and Crisis* (Cambridge, 1988)

Peter Garnsey, Cities, *Peasants and Food in Classical Antiquity* (Cambridge, 1998)

제7장 다시 찾은 로마

빅토리아 시대의 로마

Catharine Edwards (ed.), *Roman Presences: Receptions of Rome in European Culture, 1789-1945* (Cambridge, 1999)

Richard Hingley, *Roman Officers and English Gentlemen: The Imperial Origins of Roman Archaeology* (London, 2000)

Norman Vance, *The Victorians and Ancient Rome* (Oxford, 1997)

Sam Smiles, *The Image of Antiquity: Ancient Britain and the Romantic Imagination* (Yale, 1994)

파시즘

Alex Scobie, *Hitler's State Architecture: The Impact of Classical Antiquity* (Penn State, 1990)

Peter Bondanella, *The Eternal City: Roman Images in the Modern World* (North Carolina, 1987)

할리우드

Sandra Joshel, Margaret Malamud, and Donald McGuire (eds.), *Imperial Pojections: Ancient Rome in Modern Popular Culture* (Baltimore, 2001)

Maria Wyke, *Projecting the Past: Ancient Rome, Cinema and History* (London, 1997)

Martin Winkler (ed.), *Gladiator: Film and History* (Oxford, 2004)

John Solomon, *The Ancient World in the Cinema*, 2nd edn. (Yale, 2001)

역자 후기

이 책은 영국 옥스퍼드대 출판부에서 펴내는 〈Very Short Introduction〉 시리즈의 로마 제국 편이다. 저자 크리스토퍼 켈리는 유럽, 중동, 북아프리카를 포괄하는 광대한 제국을 건설하고 지배한 로마 제국이라는 "놀라운 위업"을 이 '작은' 책 속에 담는다. 서문에서 밝히듯이, 이 책은 제국의 전성기인 기원전 31년부터 서기 192년까지 약 200년 동안의 역사에 초점을 맞춘다. 저자는 일곱 가지 주제—정복, 황제 권력, 제국의 운영과 속주 엘리트들, 역사 전쟁, 제국과 기독교도, 평범한 로마인들의 삶과 죽음, 현대 세계 속의 로마 제국—를 중심으로 제국의 건설과 운영뿐만 아니라 제국의 구성원들이 직면해야 했던 복잡한 현실의 문제들, 그리고 현대 세계와 고대 로마 제국의 관계에 대한 이야기를 폭넓게 펼쳐놓는다.

　로마 제국은 무력을 동원한 영토 확장을 통해서 건설되었다. 로마 시 중심부에서는 정복을 찬미하는 화려하고 성대한 개선식이 열렸고, 정복의 성과는 황제들의 원주, 개선문 등 각종 기념물에 영구히 새겨졌다. 그러나 제국은 엄청난 군사력으로 새롭게 획득한 지역을 초토화시키고, 그 패권에 저항하는 세력을 가차없이 진압하기도 했다. 저자는 로마가 남긴 승리의 기록만이 아니라 제국의 건설이 가져온 "극심한 공포와 무자비한 파괴"의 냉혹함을 심사숙고해보는 것 역시 중요하다고 말한다. 그리고 제국에 대한 로마인들의 "서로 부딪치고 보완되고 중복되는" 견해와 시각들을 끊임없이 교차해 보여주면서 무척 복잡하고 미묘한 제국의 면모들을 소개한다.

　특히 저자가 풍성하게 활용하고 있는 사료들은 로마 제국의 지배구조와 운영방식, 제국 구성원들의 삶과 죽음을 다각적으로 이해하는 데 중요한 역할을 한다. 문헌기록 중에서는 우리에게 잘 알려져 있는 타키투스의 역사서나 베르길리우스의 서사시, 플루타르코스와 수에토니우스의 전기들뿐만 아니라, 그리 알려져 있지는 않지만 중요한 당대의 기록인 디오 크리소스톰과 아리스티데스의 연설문, 파우사니아스의 여행기, 소(小)플리니우스의 서간과 연설문 등을 심도 있게 분석한다. 이러한 자료들은 제국의 중심부에 위치한 자들이 지녔던 제국 건설의 사명에 대한 인식이나 황제 권력에 대한 이해 또는 속주 엘리트들이 로마의 지배에 적응하거나 저항해나가는 방식들을 다양한 각도에서 보여준다.

저자는 속주의 도시들에 새겨진 비문과 건축물, 축제와 행렬, 조각품, 모자이크나 벽화 등에 기록된 이미지나 상징을 통해서 속주민들이 황제의 권력을 이해하고 새로운 제국 안에서 자신들의 위치와 정체성을 확립하려고 노력했던 시도들을 추적하고 재구성한다. 또한 사회 주변부에 위치한 기독교도들에게 가해진 폭력과 원형경기장에서 벌어진 검투 경기의 의미를 재고함으로써 로마 제국이 어떠한 방식으로 사회를 체계화하고 질서를 부여했는지 보여준다. 이와 함께 자신들에 대한 기억을 남기기 어려웠던 평범한 사람들의 삶과 죽음에도 주목한다. 화산재에 파묻힌 폼페이의 한 저택, 건조한 기후 덕분에 살아남은 파피루스 조각의 인구 데이터, 어린 자녀를 잃고 상심한 한 아버지(프론토)의 편지, 농촌의 식량부족에 대한 갈레노스의 기록 등, 잃어버린 기억의 흔적들을 찾아내어 그들의 삶의 실상을 이해하려 한다.

마지막으로 이 책의 저자는 로마 제국이라는 과거의 역사가 현재의 우리와 맺고 있는 관계를 흥미롭게 보여준다. 특히 영(英)제국을 획득한 영국인들이 바라본 로마 제국, 무솔리니와 히틀러의 파시즘이 재현한 로마 제국, 현대 할리우드가 영화화한 로마 제국의 모습이 로마 제국에 대한 현대인들의 시각에 이러한 영향을 끼쳤는지, 그리고 거기에 투영된 "우리의 꿈과 두려움"은 무엇인지도 생각해보게 한다. 간결하지만 풍성하고 흥미로운 이야기가 담긴 이 책을 통해 로마 제국의 역사가 제기하는 다양하고 복합적인 문제들에 대해 모두들 좀 더 밀고 있게 생각해보는 시간을 가져보면 좋겠다.

더 읽을거리

(1) 저자가 제시한 참고문헌들 가운데 한국어로 번역된 책들은 많지 않다.

에드워드 기번, 『로마제국 쇠망사』(전6권, 윤수인 외 옮김, 민음사); 축약본 (이종인 옮김, 책과함께)

로널드 사임, 『로마혁명사』(전2권, 허승일 · 김덕수 옮김, 한길사)

폴 벤느 외, 『사생활의 역사 1』(주명철 외 옮김, 새물결)

(2) 저자가 중점적으로 다룬 고대 저작들 가운데 국역본이 나와 있는 것을 중심으로 소개한다.

카이사르의 경우에는 원전 번역인 『갈리아 원정기』(천병희 옮김, 숲) 외에 『갈리아 전기』(박광순 옮김, 범우사), 『갈리아 전쟁기』(김한영 옮김, 사이)가 출간되어 있다.

베르길리우스의 『아이네이스』는 원전 번역본(천병희 옮김, 숲)이 있다.

세네카의 저작들 가운데 한국어로 번역된 것은『인생이 왜 짧은가』(천병희 옮김, 숲),『베풂의 즐거움』(김혁 외 옮김, 눌민),『화에 대하여』(김경숙 옮김, 사이) 등이 있다.

요세푸스의『유대전쟁사』는 해제를 포함한 원전 번역(전2권, 박정수·박찬웅 옮김, 나남)이 있다.

타키투스의『역사』(김경현·차전환 옮김, 한길사)와『게르마니아』(천병희 옮김, 숲)는 라틴어 원전 번역이다.『연대기』(박광순 옮김, 범우)도 번역, 출간되었다.

수에토니우스의 황제들의 전기는『풍속으로 본 12인의 로마 황제』(전2권, 박광순 옮김, 풀빛미디어)와『열두 명의 카이사르』(조윤정 옮김, 다른세상)로 소개되었다. 저자가 본문에서 다루고 있지는 않지만 수에토니우스의『로마의 문법학자들』(안재원 주해, 한길사)이 원전 번역 및 주해로 소개되었다.

플루타르코스의『대비 열전』은 그리스와 로마의 영웅들 가운데 각각 5명의 전기만을 원전 번역한『플루타르코스 영웅전』(천병희 옮김, 숲), 그리고 데모스테네스와 키케로의 생애만을 번역, 주해한『두 정치연설가의 생애』(김헌 주해, 한길사)가 있다. 플루타르코스의『윤리론집』은 일부만을 선별하여 원전 번역한『수다에 관하여: 플루타르코스의 윤리론집』(천병희 옮김, 숲)과『플루타르코스의 모랄리아: 교육·윤리 편』(허승일 옮김, 서울대학교출판문화원)이 있다.

마르쿠스 아우렐리우스,『명상록』(천병희 옮김, 숲)

(3) 그 밖의 참고도서

P. A. 브런트, 『로마사회사』(허승일 옮김, 탐구당)

프리츠 하이켈하임, 『로마사』(김덕수 옮김, 현대지성사)

제롬 카르코피노, 『고대 로마의 일상생활』(류재화 옮김, 우물이있는집)

테오도르 몸젠, 『몸젠의 로마사 1·2·3』(김남우·김동훈·성중모 옮김, 푸른역사)

K. R. 브래들리, 『로마제국의 노예와 주인』(차전환 옮김, 신서원)

레이 로렌스, 『로마제국 쾌락의 역사』(최기철 옮김, 미래의창)

사이먼 베이커, 『처음 읽는 로마의 역사』(김병화 옮김, 웅진지식하우스)

톰 홀랜드, 『공화국의 몰락』(김병화 옮김, 웅진닷컴)

케이트 길리버·에이드리언 골즈워디·마이클 휘트비, 『로마 전쟁: 위대한 정복자 율리우스 카이사르와 그의 유산』(김홍래 옮김, 플래닛미디어)

아드리안 골즈워디, 『로마전쟁 영웅사』(강유리 옮김, 말글빛냄)

배리 스트라우스, 『스파르타쿠스 전쟁』(최파일 옮김, 글항아리)

에이드리언 골즈워디, 『가이우스 율리우스 카이사르』(백석윤 옮김, 루비박스)

B. H. 리델 하트, 『스키피오 아프리카누스』(박성식 옮김, 사이)

앤서니 에버렛, 『아우구스투스: 로마 최초의 황제』(조윤정 옮김, 다른세상)

프랭크 매클린, 『철인황제 마르쿠스 아우렐리우스』(조윤정 옮김, 다른세상)

도판 목록

1. **티투스 황제의 개선문 부조** 029
   Alinari Archives, Florence

2. **트라야누스 황제 원주의 부조** 033
   © Ancient Art & Architecture Collection

3. **마사다의 항공사진** 036
   www.masada2000.org

4. **아프로디시아스의 황제 숭배 신전에서 나온 부조** 053
   Ashmolean Museum, Oxford

5. **안토니누스 피우스 황제와 파우스티나의 신격화** 056
   Deutsches Archäologisches Institut, Rome

6. **네로 황제와 아그리피나. 아프로디시아스에서 출토된 부조** 075
   Ashmolean Museum, Oxford

7. **렙티스 마그나 시장** 093
   © Peter M. Wilson/Corbis

8. **렙티스 마그나 극장. 안노발 타파피우스 루푸스를 기리는 비문** 095
   Professor David Mattingley

9. **스미랏에 있는 마게리우스의 전원주택에서 출토된 모자이크** 100
   Deutsches Archäologisches Institut, Rome

10. **하드루메툼에서 출토된 베르길리우스와 무사 여신들의 모자이크** 104
    © Roger Wood/Corbis

11. **아테네의 올림피에이온 신전** 113
    © Ancient Art & Architecture Collection

12. 파르테논 신전 122

Museum of Classical Archaeology, Cambridge, slide collection.

13. 아테네에 있는 하드리아누스 황제의 아치문 137

© Bildarchiv Foto Marburg

14. 콜로세움의 단면도 143

© Profile Images

15. 팔라티누스 언덕에서 발굴된 낙서 155

© Time Life Pictures/Getty Images

16. 폼페이의 메난드로스 저택 평면도 172

R. Ling, *The Insula of the Menander at Pompeii, Vol. I: The Structures*, Oxford University Press, 1997

17. 아트리움을 통해서 본 메난드로스 저택의 내부 174

R. Ling, *The Insula of the Menander at Pompeii, Vol. I: The Structures*, Oxford University Press, 1997

18. 메난드로스 저택의 벽화 176

Deutsches Archäologisches Institut, Rome

19. 토머스 소니크로프트의 〈보아디케아〉 청동상 206

© Vladimir Korostyshevskiy/Stockphoto

20. 윌리엄 벨 스콧의 벽화 〈로마 성벽의 건설〉 210

© National Trust Picture Library/ Derrick E. Witty

21. 알베르트 슈페어와 게르마니아(신베를린)의 축소 모형 223

© ullstein bild, Berlin

22. 영화 〈쿠오바디스〉의 한 장면. 네로 황제(피터 유스티노프 분)가 신하들에게 로마 재건 계획을 설명한다. 226

© MGM/bfi Collections

23. 영화 〈글래디에이터〉의 한 장면 230

© Dreamworks/Universal/The Kobal Collection

24. 먼싱웨어 사의 '쿠오바디스' 남성 속옷 광고 포스터 234

University of Southern California Cinema-Television Archive

〈표〉생명표 모델, 서형 제3레벨, 여성 185

A. J. Coale and P. Demeany, *Regional Model Life Tables and Stable Populations*, Princeton University Press, 1983

로마 제국
THE ROMAN EMPIRE

초판 인쇄 2015년 6월 30일
초판 발행 2015년 7월 10일

지은이 크리스토퍼 켈리
옮긴이 이지은
펴낸이 강병선
편집인 신정민

편집 최연희 박기효
디자인 강혜림
저작권 한문숙 박혜연 김지영
마케팅 방미연 최향모 유재경
홍보 김희숙 김상만 한수진 이천희
제작 강신은 김동욱 임현식

제작처 한영문화사(인쇄) 한영제책사(제본)
펴낸곳 (주)문학동네
출판등록 1993년 10월 22일
제406-2003-000045호
임프린트 교유서가
주소 413-120 경기도 파주시 회동길 210
문의전화 031) 955-1935(마케팅),
031) 955-2692(편집)
팩스 031) 955-8855
전자우편 gyoyuseoga@naver.com
ISBN 978-89-546-3682-7 03920

• 이 도서의 국립중앙도서관 출판예정도서목록(CIP)은
서지정보유통지원시스템 홈페이지(http://seoji.nl.go.kr)와
국가자료공동목록시스템(http://www.nl.go.kr/kolisnet)에서 이용하실 수 있습니다.
(CIP제어번호: CIP2015016881)

www.munhak.com